NA GIRA DO EXÚ -
Invoking the Spirits of Brazilian Quimbanda

by Mario dos Ventos
Newly Revised Edition, March 2008

All rights reserved

Publisher: Nzo Quimbanda Exu Ventania
Printed: Lulu Publishing
ISBN: 978-0-9556903-1-0
Copyright Year: © 2008, Mario dos Ventos

All rights reserved.

No parts of this book may be reproduced or transmitted in any form or by any reasons, electrical, or mechanical, including photocopying, recording, or information storage and retrieval system without written permission from the author, except for the inclusion of brief quotations in a review.

NA GIRA DO EXÚ -
Invoking the Spirits of Quimbanda

by

Mario dos Ventos

Nzo Quimbanda Exu Ventania

www.exu.moonfruit.com

under the watchful eyes of the Maioral

ALSO AVAILABLE

FIESTA DE CIGANO
NA GIRA DO EXU & SAUDAÇÃO POMBA GIRA
Sung Invocations for Exu and Pomba Gira

If you want to experience the power and beauty of Quimbanda, rather than just read about it, then you should have these CDs! An addition to NA GIRA DO EXU, these Life recordings contain 21 Pontos Cantados (sung invocations) for Exu and 17 Pontos Cantados (sung invocations) for Pomba Gira as well as a variety of tracks for the division of Gypsy Spirits. Exu Marabo, Exu Gira Mundo, Exu Meia Noite, Exu Tata Caveira, Exu Veludo, Exu Malé, Exu Tranca Ruas and even Exu Lucifer are invoked on **NA GIRA DO EXU** - a one of a kind album. **SAUDAÇÃO POMBA GIRA** draws in the presence of Pomba Gira Maria Mulambo, Maria Padilha, Sete Sais, Rainha da Encruzilhada, Rosa Caveira, Pomba Gira Cigana and many others!

AVAILABLE AT **LULU.COM**

CONTENTS

Dedication — page 9

Preface — page 11

Introduction
    Witchcraft in Brazil — page 19
    Quimbanda Creation Myth — page 26
    Organisational Structure — page 28
    Working with Exu — page 46

Songs & Invocations
    Curimbas for Exu — page 49
    Curimbas for Pomba Gita — page 165
    Cirumbas for the Ciganos — page 203
    Various Other Curimbas — page 257

Drawn Pontos — page 307

Quimbanda Vocabulary — page 319

Bibliography — page 331

About the Author — page 335

Other books by the same Author — page 337

DEDICATION

To the Master of Reality!

Salve Exu!

PREFACE TO THE 4th EDITION

I have felt inspired to write about certain aspects of the African Traditions for a long time now, but never had the frame of mind to actually try and phrase it in a clear way that everyone could understand.

This book was originally intended as a personal reference for members of our Quimbanda family (Nzo) in the UK. It does not claim to be all-complete or exhausted in the information it provides on a traditions as extensive as Quimbanda. But it can stand on its own as the first English book of almost 400 Pontos (songs/invocations) and more then 100 Pontos Riscados (ritual drawings) of the various Exus. The information hidden in these songs and invocations is of utmost importance if a person wishes to understand the nature and characteristics of a particular entity. This book also provides some information on the obscure and complex history of Quimbanda and on the organizational structure of the entities we love and respect so much. All songs are given in alphabetical order of the Exus they are meant to invoke. Where more then one song for a particular Exu or Pomba Gira is listed, then these are clearly divided by a skull - to mark the end of one and the start of a new song.

Quimbanda as a spiritual tradition is often misunderstood and at times snidely disdained as 'evil witchcraft' or even Satanism. Others believe that everything hidden and mysterious is just waiting to explode with curiosity and intrusiveness.

This tradition - just like any other spiritual path - should be approached with respect and caution. The entities we invoke are not mere thought-forms as some students of the magical arts want us to believe, neither are they our servants. To master this tradition will take time, appreciation and willingness to look at your own 'dark side'. If you succeed, a world of supernatural beauty will be open to you and you will have gained the trust and support of some of the most wonderful, protective and powerful spirits that exist.

The information on this book is very restricted and only intended as an introduction to this tradition and to the enormous cosmology attached to it. I am currently working on a more thorough book which will explain where these spirits come from, how they work and - and this for me is the most important part - how they 'fit' into an inclusive cosmology. African spirituality has always been inclusive rather then exclusive, but as with everything spiritual that exists, this can easily drift into unnecessary eclecticism, inventions and useless amalgamations. I hope that my forthcoming book, Sarava Umbanda - the Inner Workings of Macumba, which I hope to release at the end of 2008, will show that traditionalism is not dry, dusty and rigid, but fluid, refreshing and deeply connected to everything that exists.

But for now, may Exu and Pomba Gira, the Guardians of Karma, bless all those who set out to explore the realms of Ancestral Witchcraft!

A note on pronunciation:

Many people seam to have difficulties understanding Brazilian spelling and pronunciation. To make a clean distinction between other African based traditions, I have decided to adopt the traditional Brazilian spellings of the names of all the entities mentioned in this book. However, none of us would feel flattered if our names were called out wrong in a public gathering or even at a private party. The greatest hurdle seams to be the use of the letter x in many words mentioned in this book.

The word Exu is not pronounced E-*ks*-u but E-*sh*-u. The *sh* in turn is pronounced as in ca*sh*mere or in ru*sh*. The same should be noted for Pomba Gira, even though this pronunciation might cause some more difficulty for some. The *o* in Pomba is pronounced the same as in p*o*t, the *g* in Gira however is pronounced as in ca*sh*mere or in ru*sh*, the *i* is pronounced as in *e*agle. A help in pronunciation can be the additional CDs to this book, which are available from *Lulu.com*.

Out of respect for this tradition, as well as for the various spirits mentioned and invoked in these pages, I hope that the readers will follow these simple guidelines.

A final word of advice:

The workings and recipes in this book should be used with caution! Neither the author, distributor not publisher can take any responsibility for the effects of these workings! Common sense (what ever this might mean to some people) as well as respect for the entities invoked should be applied at all times! The laws and legislations in which the workings are performed should also be observed - in particular related to the use of animals, littering and trespassing in public places such as cemeteries and grave yards. None of the works should be altered or materials substituted without the approval of the entities invoked. All listings in this book have been given in a controlled and safe environment. Neither the author nor the publisher will take any responsibility - legal or otherwise - for the effects (or lack thereof) of the works listed in this book. No knowledge or secret information has been hidden 'between the lines' but all information has been provided for educational purposes in the most straight-forward manner possible. The author does not take any responsibility for hypothetical conclusions made from the information in this book.

Mario Dos Ventos
Surrey, United Kingdom
March 2008

*'There are more devils waiting to serve you
then you can shake a pitchfork at.'*

David St. Clair
'Drum and Candle'

Quimbanda altar for Exus and Pomba Giras
House Party Nzo Quimbanda Exu Ventania - September 2006

INTRODUCTION

Witchcraft in Brazil

What if our search for Witchcraft has actually brought us away from the source of its true being, instead of closer to it? What if we have strained so far away from the ancestral wisdom of our witch-fathers and mothers that we are no longer able to see, feel and most of all, practice what they wanted us to remember and carry on? What if we have re-painted the original sketches so many times that they only give us a shadow of the true 'meaning of witchcraft'? What if the last 50, 60 years have tainted our image of witchcraft so much, that it no longer resembles our ancestral wisdom, but our own dream of how things could and should have been, instead of what they really were?

There has never been a time when more information has been available to the general public than in our day and age. Public libraries and the internet give us access to 'long lost treasures' and the latest research and findings of anthropologist and archaeologists. Chakras, crystals, rebirthing, UFOs and plastic skeletons live next to Tibetan incense burners, statues of Kali, Wodan and Isis all nicely arranged on a Mayan Calendar print and decorated with Native American eagle feathers. Not to forget the new 'IN thing' - Vodou masks and images of bare-breasted African woman. How beautiful to be Eclectic!

When Gerald Gardner sat in his chair on the Isle of Man thinking up Wicca, he believed it to be the revival of witchcraft - how things could have been. His knowledge gained in travels through Asia and parts of Africa as well as the works of Crowley, Leland and Margaret Murrey inspired him to revive what had long been lost. When his pen touched paper, he surprised the world with ideas, rituals, philosophies and a religion that filled our need to step out of our busy life style and take our minds off the hustle and stressful demands of everyday life. Many people were finally able to breathe and to reconnect to their wild side. But what if less had been lost and even more had actually survived?

Since then, many have tried to impose their own forms of 'hereditary witchcraft' on the general public, claiming that their family has been the only true keeper of long lost knowledge. Regional witchcraft traditions, Shamanic family lines and psychedelic research all claimed their part in the great family tree of 20th century revivalism.

Hippolyte Leon Denizard Rivail

Rivail was born in Lyon, France, in 1804. He was already in his early fifties when he became interested in the wildly popular phenomenon of spirit-tapping. At the time, strange phenomena attributed to the action of spirits were reported in many different places, most notably in the U.S. and France, attracting the attention of high society. The first such phenomena were at best frivolous and entertaining, featuring objects that moved or 'tapped' under what was said to be spirit control. In some cases, this was alleged to be a type of communication: the supposed spirits answered questions by controlling the movements of objects so as to pick out letters to form words, or simply indicate 'yes' or 'no.'

In 1857 Rivail (signing himself 'Allan Kardec') published his first book on Spiritism, The Spirits Book. It comprised a series of 1,018 questions exploring matters concerning the nature of spirits, the spirit world, and the relations between the spirit world and the material world. This was followed by a series of other books, the most important being The Gospel According to Spiritism.

The Witch of Endor

Kardec's form of Spirit Communication, however, is much older. In the Hebrew Bible, the Witch of Endor, found in the 1st Book of Samuel, chapter 28:4–25, is describes as a woman 'who possesses a talisman', through which she called up the ghost of the recently deceased prophet Samuel, at the demand of King Saul of Israel. All this happened around the year 980 BCE – a good 3000 years ago! After Samuel's death and burial, King Saul banned all necromancers and magicians from Israel. Then, in a bitter irony, Saul sought out the witch, anonymously and in disguise. As we are told, the prophet's ghost offered no advice but predicted Saul's downfall as king. Was the Witch of Endor a survival of archaic Canaanite religion - similar to a shaman?

Spirit possession

Unlike demonic possession, where the person is thought to be taken over by the 'Devil' or his demons for harm, spirit possession is a voluntary, culturally sanctioned displacement of the personality. The spirits, be they deities, angels, advanced entities, or the dead, are invited to enter a human person to educate, communicate with the living or just because they do not realize they are dead and need help in passing to their next realm.

The concept of spirit possession by various entities plays a major role in religious worship in the Caribbean, the Middle East, India, Tibet and almost all African Religions. In the Caribbean and especially Africa, a variety of religions are found who are entirely build on spirit possession. Possession is known as 'mounting the horse.' The horse is the person who 'manifests' the spirit, and the spirit is the one who 'rides' him or her.

Often devotees enter a trance and dance and do things which they would be unable to do in their conscious state of awareness. Many elderly and physically disabled persons have displayed this unique ability and behavior. Similar possessions occur in Santeria, Vodou and Quimbanda among other traditions.

Mediums involved in Spiritualism and channeling do not fear the spirits which speak through them. They believe this influence is temporary and if the spirit linger too long its 'exorcism' takes the form of a stern conversation in which it is told to depart.

The phenomenon of spirit possession has entirely disappeared from modern-day paganism and witchcraft. What remains, however, is a shadowy idea that the most powerful and most intimate interaction between the spirit world and the world of man is via possession. This can be seen in the attempt to foster possession in pagan rituals such as the 'Drawing down of the Moon' - an attempt to remember and to replace true possession.

Quimbanda

The Anthropologist and Sociologist Wyatt Macgaffey in his book *'Religion and Society in Central Africa: The Bakongo of Lower Zaire'* makes several remarks to the Bantu/Kongo believe about the dead. One such remark clearly explains the Bakongo believe that the souls of the dead travel across the water to a new country. Sometimes people interpret this place as 'the country under the water'. However, Macgaffey states that several Missionaries and Anthropologists were asked by the Bakongo how their ancestors are getting on 'in the land across the sea' – meaning Europe and the Americas.

What if the spirit of Medieval Witchcraft has survived right under our nose? What if the teachings of Spiritism are true and the souls of the departed live on after their bodies have long been put into the ground? What if the European settlers in South America brought those spirits with them to the New World? What if there is no need to re-construct? And what if those spirits live on in the Cult of Witchcraft known as Quimbanda - a word derived from the language of the Bantu/Kongo people roughly translated into 'Language of the Spirits of the dead'.

Quimbanda was only given a name approximately 100 years ago. As with many other self-contained religions and traditions, the practitioners never had any need to describe or define their practice to the outside world with terms other then 'witchcraft'. Until the second half of the 20th century, all Afro-Brazilian religions were considered criminal activity by the Brazilian government and periodically repressed. More recently they have become part of popular culture as many novelists and songwriters have written or sung about them.

The spiritual roots of Quimbanda can be found among the Bantu people of West and South-West Africa. These people were brought to Brazil as slaves as early as 1538. While the Catholic Church appeared to reach some levels of success in converting some of the native Indian tribes of Brazil to Catholicism, it did not have this kind of success with the largest population of African slaves in the New World.

Among these African slave-ancestors, we find the spiritual roots and the etymology of Quimbanda. The Quimbanda was - and still is - the title of the priest/shamans of many of the African Bantu societies in West and South-West Africa. The prefix 'Ki' refers to 'language' or 'knowledge' whilst 'mbanda' can be translated as 'the power to cure'. A shaman/priest - widely called a Quimbanda or, depending on the region 'Nganga' - may therefore have extensive knowledge of herbal medicine, and at least some part of his work is devoted to the application of that knowledge.

Even today, holistic health practitioners in West and South-West Africa are still known as Quimbandas. They can be herbalists, diviners or spirit-mediums. People take recourse to traditional medical systems not only to cure physically manifested illnesses but also to seek protection from the many hazards of daily life, to discover the causes of a death in the family, see why domestic animals are dying or why the fields are barren and the harvest not enough.

In many Central and West African societies, a Quimbanda is first and foremost seen as an intermediary between humans and the god Kalunga - the King of the Realm of the Dead. A man is chosen for this role by a spirit, and undergoes a transformative (initiation-) period. Male Quimbandas in Bantu-Congo societies occasionally practice same-sex eroticism and marry other man.

The Bantu believe in the survival of the soul after death and relate this belief to the idea that the spirits of the dead can influence the living. If somebody falls ill, it is assumed that an ancestral spirit has sent the disease or that the sick person is bewitched by a living enemy. In any case, the Quimbanda - Shaman/Diviner - must consult with the Spirits to investigate the case and find the remedy to cure the patient. For the Bantu the notion of disease encompasses physical sickness together with misfortune and imbalance. Thus, anything that brings one into disharmony, be it with the environment or with others, can be perceived as a potential disease or illness.

Misfortune, in all its more serious forms, was believed to be caused either by ancestral wrath, witchcraft or pollution and it was the diviner's function to uncover the exact cause and prescribe the appropriate actions to be taken, However some forms of misfortune were believed to have natural causes i.e., to result from environmental factors. Religion and disease/illness causation are always closely interwoven.

The African Quimbandas (Priest/Shamans) - just like their Brazilian counterparts, the Quimbandeiros - are in constant contact with the spirit world. Only in this way are they able to perform oracles, deliver messages, cure the sick and enter into trance.

The central 'deities' of worship - or better, the entities on which the Brazilian Quimbanda tradition is based, are Exu and Pomba Gira. It is important not to confuse the Exu of Quimbanda with the Orisha Eshu or Eleggua of the Yoruba derived religions of Candomble and Santeria. The Exus of Quimbanda are in fact spirits of the dead and in particular the spirits of deceased quimbandeiros. Quimbanda priests or individuals otherwise involved with Bantu/Congo spirituality. God knows that being 'only human' is to be weak, to be filled with doubt and all sorts of frailties. That's why He has allowed these spirits, who have been on earth before, to help us in this life. They are all around us and are willing to be called upon. After all, it's to their advantage to listen to us!

The Exus are the mirrors which reflect the essence of the common man, an instrument of communication between two worlds: the spiritual and the material; serving as custodians on the spiritual plan. They are the 'police of the astral plane', responsible for carrying the souls of the departed unto their destiny and to reward or to punish the actions that men carried out on the physical plan while he or she was alive.

As with the European witch cult, Quimbanda also had a reputation of orgiastic gatherings. It is true though that most dances — and dance is a major part on this religion - are of erotic and flirtatious nature. During possession, the Exus will also ask for Rum, Gin or other strong, alcoholic beverages and will also smoke large amounts of strong cigars. The cult is, however, far removed from drunken orgies.

The European roots of Quimbanda are often overlooked but go much deeper then the idea of some practitioners, to syncretise the Exus of Quimbanda with the demons of the Grimorium Verum and other medieval grimoires. Many of the spirits which manifest in this tradition are clearly of European descent. One example is Pomba Gira Bruxa Evorá - the 'witch' who eligibly taught the Dark Arts to St Cyprian, a Catholic saint who by legend is seen as the Patron of Sorcerers. Many other Pomba Giras are believed to have lived in France, Spain, Portugal, Italy and other parts of Europe. A great deal of the magical workings of Quimbanda not only resemble African and Amerindian shamanic practices, but also show clear traces of European 'sympathetic' folk magic. Descriptions of the 'witches sabbat' and 'nightly meetings' found in Medieval European accounts of witch trials recorded by the Inquisition could have been written about Quimbanda.

It is important to understand that this tradition is not synonymous with Satanism or Devil worship. The most important aspect of this religion is that people are able to relate to it. The common, ordinary man in the street is able to get closer to the world of spirit, is able to communicate with the dead, to ask favors of African, Amerindian and European derived entities and actually to see the spirits descend and take over the bodies of their worshippers. It is not simply a passive reflection of Brazilian culture but a creative factor in the formation of a coherent Brazilian identity.

Quimbandeiros have their way of getting what they want from these spirits. We do not hesitate to call on them. Usually we try to solve problems without spirit intervention, but if it is a case beyond human effort, then the spirits are sought! As Quimbandeiros, this tradition is as much part of our lives as are our families, our friends and the country we live in! We accept it and take it serious. We try to understand the spirits and they, in return, try to understand us! The world of the spirits and ours work together and help each other. It's that simple and yet it's so complex!

Different Branches of the Tree

The first mention of the actual Quimbanda Tradition was given in the early 1900. Quimbanda then was seen as a bad and evil tradition that had to be counteracted by the good and charitable works of Umbanda – another spiritual tradition which was established in 1908 in Rio de Janeiro. Even today people believe that Exu is the actual Christian devil and that the name of Jesus as well as other Christian elements should not be mentioned in the presence of the spirits. This level of superstition is especially high among the lower and less educated classes of Brazil.

Today we have 3-4 main 'streams' of Quimbanda in Brazil and Latin America.

Quimbanda Pura is most often practiced by Umbanda houses as a side line. This stream of Quimbanda is heavily intermixed with Umbanda. The Exus are believed to be the messengers of the Orishas on one side but are also believed to be the same as the devils of the Christian Church on the other side. In Quimbanda Pura we also find the idea that Exu and Pomba Gira are spirits of darkness that need to evolve by doing good and charitable deeds. Quimbanda Pura has no independent initiation ceremonies in itself but entry into this tradition is usually only allowed after people have undergone numerous Umbanda initiations. Some people say that this form of Quimbanda is highly butcherized and full of unnecessary superstitions which are due to its Umbanda influences.

Quimbanda d'Angola - is seen as an independent religion/tradition and is in no way connected with Umbanda. This branch of Quimbanda is sometimes called *'The Cult of the Elevated Exus'* which means that this branch of Quimbanda does NOT see Exu and Pomba Gira as spirits of darkness but rather as highly evolved spiritual entities. Quimbanda d'Angola sees itself as the oldest and purest form of Quimbanda but has many dubious influences and origins - one of these being 9 levels of initiation which are most often overly expensive and mixed with many elements of European

Witchcraft, Freemasonry and Ceremonial Magic. One of these influences is seen in the ceremonial sword which is given to the initiates of lower rank. Whereas Quimbanda Pura teaches that Exu and Pomba Gira are subject to the Orishas and their will, Quimbanda d'Angola teaches that Exu and Pomba Gira are subject to the Nkisi of Angola. Quimbanda d'Angola is manly practiced in the south of Brazil and in Uruguay and other Latin American countries which are known for certain inventions in religious cults.

Malei is a newly established Quimbanda cult from the north of Brazil. In this cult Exu and Pomba Gira are seen as actual Nkisi – as manifestations of Alivaia/Bonbojila. Malei is a rather dubious cult which takes his name from the Malei Line of Exus. This line is ruled by Exu dos Rios and consists of spirits of darkness, obssessors and malevolent entities which are known for their hot temper. Malei claims to be the most accurate manifestations of Quimbanda and the closes to the African roots of our tradition. This again is rather dubious and again far removed from the way Quimbanda is practiced in Africa. Malei sees itself as 'hardcore Quimbanda' - tough macho players who are more interested in death and destruction and overlook Exus position as a 'Guardian of the Balance'.

Ki'umbanda - has recently emerged out of Brazil and is a newer development of Quimbanda, introducsed by the Scandinavian Kimbandeiro Nicolaj de Mattos, a former head of a Vodou Gnostic Thelemic lodge and initiate of the Cultus Sabbati. This tradition is heavily influenced by European Mysticism and Sabbatic Witchcraft.

Each and every of these branches of course claims that they are the only authentic, valid and - above all - most powerful version of Quimbanda. What most of these branches however agree on is that for the practice of Quimbanda, the following essectial requirements need to be met:

1.) Initiaion needs to be performed by a real Tata Ti Quimbanda or Tata Nganga Ti Quimbanda (a priest),
2.) A person needs to know who their particular Exu and Pomba Gira are
3.) A person needs to undergo the first and second 'obrigações' (obligation) of Exu and Pomba.
4.) A person needs to receive the first and secret Initiation in Qimbanda, which include: :
   a) Catulagem (similar to rayamento in Cuban Palo),
   b) Menga (sacrifice),
   c) Secret codes or Marcas are given to the person (passwords, greetings, etc.)
   d) The person received secret Pontos Riscados,
   e) The person is given a personal secret name in Quimbanda.
   f) Aspecial Guiame or necklace (like the Bandera in Palo) is given to the initiate,
   g) Faixa (similar to a cordon in Palo),
   h) The fundamento of souls needs to be received (smilar to the Ancestor Cauldron in Palo)
   i) The fundamentos of Exu and Pomba Gira need to be received (similar to the Nganga of the Palero)

As with all spiritual traditions, these steps are not set in stone. The most important aspect of Quimbanda is a person's connection with their personal Exu and Pomba Gira. Due to the close connection between Quimbanda and the Cuban Palo tradition, it is not uncommon for people to cross-initiate and to 'skip' steps which have previously been taken in either Palo or Quimbanda.

Quimbanda Creation Myth

The Bantu, like most African nations, hold a monotheistic worldview. Nzambi, the Great God, is the creator of everything. He manifests in nature and rules the universe via his appointed spirits.

Legend tells us that:

In the beginning only Nzambi existed. It is he who is the eternal one, owner of all mirongas (secret). Nzambi was filled with energy and power, ready to burst at any time. Nzambi decided that he was ready to create. In the glimpse of an eye, millions and millions of pieces of matter swirled counter-clockwise around him, who is the centre. Nzambi had created Ngombe, the universe - stars and planets, and all visible matter.

Movement was brought into the universe and the matter Nzambi created began to change and to drift apart. Nzambi decided to create a being that would be able to travel the universe, to travel and mediate between matter and space. Nzambi concentrate on a fixed point and gave life to Exu-Aluvaiá. Exu-Aluvaiá was both man and woman at the same time – a manifestation of the nature of Nzambi.

To Exu-Aluvaiá were given the following 7 gifts by Nzambi:

1- *"So that you can travel freely, to places where I can not always be, I give you the key that opens the limits between one space and another, between light and darkness, between hot and the cold,..."*

2- *"I give you free will to choose between good and bad..."*

3- *"You shall have knowledge of all things, be able to remember all the things you see and hear from this day forward, so you will be able to enrich your wisdom from your own experiences and those of others..."*

4- *"I grant you the power to bring forth changes in the matter I have created..."*

5- *"You shall be able to see through time, to be able to knowing the past and the future of all beings, but not your own future..."*

6- *"You shall possess the intelligence to understand all creatures, high and low and in between…"*

7- *"I give you the power to multiply yourself, to create similar spiritual beings as yourself, but lower in powers and faculties. Be careful with this, because once divide you no longer will be able to unite yourself again. That mystery is with me alone."*

Another story of the oral tradition of Quimbanda speaks of Nanã Buruquê - the oldest Orixa of the Yoruba pantheon, associated with standing waters, swamps, mud and the gunk of the bottom of rivers and of the seas - being the mother of Exu. This however is somewhat of a misunderstanding and shows the amalgamation of Yoruba cosmology and mythology into Quimbanda. The concept that Nanã Buruquê is the 'mother' of Exu steams from the Yoruba cosmology of Orun - heavens.

Orun for the Yoruba is divided into 9 sections or spiritual realms, which are inhabited by a diversity of spirits. The Yoruba believe in the immortality of the soul and teach that each and every person's soul is 'judged' according to earthly deeds, morals and the observation of taboos. This judgment however is not to be understood as the 'final judgment of the soul' as is the believe of many other religions but rather as a 'classification' or decision what has to be done with the person's immortal soul before the next rebirth - or in certain cases, what needs to be done after the cycle of rebirth has to be broke.

However, one of these 9 realms is called Orun Buruquê - The Spiritual Realm of Evil. Orun Buruquê is seen as a hot and fiery place, similar to the hell of purgatory of Christianity. One of the first duties of Christian missionaries after their arrival in West Africa and in particular in Yorubaland was to translate the Christian Bible into Yoruba. In this translation, the terms Devil and Satan have been translated as Exu. An association between the devil who (according to folklore) lives in hell and the Orun Buruquê was afterwards only a matter of time.

Due to its African roots, the highest spiritual authority of Quimbanda is Nzambi - God. This is not just to be understood symbolically. Exus and Pomba Giras in possession will sometimes refer to Nzambi as their highest authority. During rituals God's name is invoked but God is believed to work through his 'ambassadors' (the ancestors as well as other spirit beings). Marvin Harris in his book Our Kind states that '...most of the early creator gods abstained from contact with human beings.' Perhaps only with the arrival of monotheism did the belief arise that God is directly involved in humans lives.

God, however, is not directly involved in man's day-to-day business. Hence He appointed Calunga and Omolu as his ambassadors. Alice Werner in 'Myths and Legends of the Bantu' tells us that Calunga donates the Kingdom of the Dead as well as its ruler. The same cosmology is applied in Brazilian Quimbanda. Calunga, IS the great Lord of Death. His domains are firstly the ocean, called 'Calunga Granda' or Great Calunga and secondly the graveyard, simply called Calunga. Omolu, another West-African spirit is seen as the bringer of death and sickness. Amoung his names in West Afrika is Sharpana. The Brazilian spelling of this name is Xapana. The ethymologie of his name can be understood as follows: *Shon* meaning 'to take in small quantities', *Pa* 'to kill' and *Enia* 'a person'. Thus, his name stands for 'He who kills slowly'.

These two spirits can be understood as the two remaining Nkisi of Quimbanda - the personifications of natural forces - who rule over all Exus and Pomba Giras.

Many questions have been raised about the different hierarchies of spirits within Quimbanda. Even though this topic was scratched upon in previous books, I believe it is needed to explain the different hierarchies again in more detail.

The 3 highest spirits of Quimbanda are Exu Rei das Sete Liras, Exu Mor and Exu Rei das Sete Encruzilhadas. These 3 Exus are seen as the "3 Kings of Quimbanda" and represent the 3 mayor lines of our heritage:

Exu Rei das Sete Liras prepresents the influence of **African Witchraft** He is also syncretized with the demon **Beelzebuth** of the Grimoirum Verum and we see some Kimbandeiros use the following symbol, which is derived from the Verum, as one of his Pontos Riscados.

Exu Mor, prepresents the influence of **European Witchcraft** He is also known as Exu Luficer and syncretized with the demon **Luficer** of the Grimoirum Verum and we see some Kimbandeiros use the following symbol, which is derived from the Verum, as one of his Pontos Riscados:

Exu Rei das Sete Encruzilhadas prepresents the **Amer-Indian heritage** of our tradition. He is also syncretized with the demon **Ashtaroth** of the Grimoirum Verum and we see some Kimbandeiros use the following symbol, which is derived from the Verum, as one of his Pontos Riscados:

Below are given two different organizational structures of Exu and Pomba Gira. The first one, which is could be called the 'Hierarchy of Places' for lack of a better word, shows which Exus and Pomba Giras frequent certain places in nature. This hierarchy can be seen as 7 kingdoms or armies headed by 7 'kings' of 'warlords'. Each king commands 9 'legions'. These legions are in turn headed by generals.

The second hierarchy given below, here called the 'Hierarchy of Talents' - again for lack of a better word - outlines the particular talents or areas of expertise of certain Exus and Pomba Giras. This can also be understood as Seven Secret Societies of Seven High Councils. Each of these Societies holds the secrets over particular aspects of Quimbanda.

Please note that the positions of the Exus and Pomba Giras in the following outline is not necessarily the same as their rank in the Hierarchy of Authority which is not discussed in this book! What should also be kept in mind is that the most important hierarchy for each and every Kimbandeiro is related to his or her personal Exu and Pomba Gira!

Deeper knowledge - how to approach a particular Exu, how to feed him and work with him - is usually passed on from teacher to student though. It is important to remember that Quimbanda is not a static religion and that the spirits we deal with are not 'bound' to certain places - they simply frequent them, just as a person 'frequents' a certain bar or even a train station or bus stop in their way to work. Try and understand it like this: Uncle Jo is 55 years old and makes his living as manager of a Garden Center. Even though he can be found spending his earnings in the bar just around the corner from his house, he also goes to the race course to place a bet on his favorite horse now and then. He even takes Aunt Sally out dancing the day after his weekly Poker Game at his best friend house...

The 'Hierarchy of Places' is understood to be as follows:

1) The Kingdom of the Crossroad

Governed by Exu Rei das Sete Encruzilhadas and Pomba Gira Rainha das Sete Encruzilhadas. These two entities govern all spirits and all magical work associated with and performed at the crossroad. The 9 Generals of this Kingdom are:

- Exu Tranca-Ruas

Governing the forces related to the crossroads in the streets

- Exu Sete Encruzilhadas

Governing the forces related to crossroads of the lyre

- Exu das Almas

Governing the forces related to crossroads in high places

- Exu Marabo

Governing the forces related to railroad crossings

- Exu Tiriri

Crossroads in the Woods

- Exu Veludo

Governing the forces related to crossroads in the cemetery

- Exu Morcego

Governing the forces related to crossroads of the square

- Exu Sete Gargalhadas

Governing the forces related to crossroads of open spaces

- Exu Mirim

Governing the forces related to crossroads by the beach

2) The Kingdom of the Crosses

Governed by Exu Rei dos Sete Cruzeiros and Pomba Gira Rainha dos Sete Cruzeiros. These two entities govern all spirits and all magical work associated with and performed in the streets and street corners (not to be confused with the actual middle of the crossroad or street). The 9 Generals of this Kingdom are:

- Exu Tranca Tudo

Governing the forces related to crosses of the street

- Exu Kirombó

Governing the forces related to crosses of the plaza

- Exu Sete Cruzeiros

Governing the forces related to crosses of the lyre

- Exu Mangueira

Governing the forces related to crosses of forest

- Exu Kaminaloa

Governing the forces related to crosses of cemetery

- Exu Sete Cruzes

Governing the forces related to crosses of souls

- Exu Sete Portas

Governing the forces related to crosses of open space

- Exu Meia Noite

Governing the forces related to crosses of the beach

- Exu Kalunga

Governing the forces related to crosses of the sea

3) The Kingdom of the Forest

Governed by Exu Rei das Matas and Pomba Gira Rainha das Matas. These two entities govern all spirits and all magical work associated with and performed with bushes, trees, parks or forests - except bushes or trees in the cemetery, which belongs to another kingdom. The 9 Generals of this Kingdom are:

- Exu Quebra Galho

Governing the forces related to trees

- Exu das Sombras

Governing the forces related to parks

- Exu das Matas

Governing the forces related to forests that are by beaches

- Exu das Campinas

Governing the forces related to fields

- Exu da Serra Negra

Governing the forces related to mountains

- Exu Sete Pedras

Governing the forces related to mines

- Exu Sete Cobras

Governing the forces related to snakes

- Exu do Cheiro

Governing the forces related to flowers

- Exu Arranca Tôco

Governing the forces related to plant nurseries

4) The Kingdom of the Cemetery

Ruled over by Exu Rei das Sete Kalungas and Pomba Gira Rainha das Sete Kalungas, who can also be called Exu Rei dos Cementerios and Pomba Gira Rainha dos Cementerios. These two entities govern all spirits and all magical work associated with and performed in the cemetery. Within the context of Quimbanda, the term 'Kalunga' is often used interchangeable with 'cemetery'. The 9 Generals of this Kingdom are:

- Exu Portière

Governing the forces related to gates of the cemetery

- Exu Sete Tumbas

Governing the forces related to tombs

- Exu Sete Catacumbas

Governing the forces related to catacombs

- Exu da Brasa

Governing the forces related to the crematorium

- Exu Caveira

Governing the forces related to skulls and skeletons

- Exu Calunga

Governing the forces related to bushes of the cemetery

- Exu Corcunda

Governing the forces related to hill in the cemetery

- Exu Sete Covas

Governing the forces related to caves

- Exu Capa Preta, who is also known as Exu Mironga

Governing the forces related to dark magic

5) The Kingdom of Souls

Governed by Exu Rei das Almas Omulu and Pomba Gira Rainha das Almas. These two spirits are also called Exu Rei da Lomba and Pomba Gira Rainha da Lomba, because they govern all spirits and all magical work associated with and performed in high places and on hills. However, the Exus of this kingdom also work in hospitals, morgues, etc. and are sometimes referred to as 'Omulu Spirits'. The 9 Generals of this Kingdom are:

- Exu Sete Lombas

Governing the forces related to the souls of high places

- Exu Pemba

Governing the forces related to the souls captive slaves

- Exu Marabá

Governing the forces related to the souls of funeral homes

- Exu Curado

Governing the forces related to the souls of hospitals

- Exu Gira-Mundo

Governing the forces related to the souls of beach

- Exu Nove Luzes

Governing the forces related to the souls of churches

- Exu Sete Montanhas

Governing the forces related to the souls of the woods

- Exu Tatá Caveira

Governing the forces related to the souls of the cemetery

- Exu Sete Poeiras

Governing the forces related to the souls of the east

6) The Kingdom of the Lyres

The heads of this kingdom are not known by their syncretistic names: Exu Lucifer and Maria Padilha, their truth Quimbanda names being Exu Rei das Sete Liras and Rainha do Candomblé. This name shows the affinity of these spirits for dance, music and the fine arts. The 'Kingdom of the Dance' is also sometimes called 'Kingdom of Candomblé' - but not for the African Orisha Cult, but rather for being synonymous with dance and ritual music. All spirits and all magical work associated with card divination and 'Gypsy Lore', music, poetry, art, etc, are associated with this Kingdom - also all Ciganos Quimbanderos - Gypsy spirits of Quimbanda, as well as all Malandros Quimbanderos.. The 9 Generals of this Kingdom are:

- Exu dos Infernos

Governing the forces related to hell

- Exu do Cabaré

Governing the forces related to cabarets

- Exu Sete Liras

Governing the forces related to entertainment

- Exu Cigano

Governing the forces related to the Gypsy people

- Exu Pagão

Governing the forces related to the mysteries of the East

- Exu Zé Pelintra

Governing the forces related to the Hustlers and Gamblers

- Exu Ganga

Governing the forces related to garbage piles

- Exu Malé

Governing the forces related to the moon

- Exu Chama Dinheiro

Governing the forces related to commerce

7) The Kingdom of the Beach

This Kingdom is governed by Exu Rei da Praia and Pomba Gira Rainha da Praia. These two entities govern all magical work and all spirits which are close to the water or in the water – be it at the beach of the sea, of rivers, lakes or springs. In this kingdom we also fine the Marinheiros Kimbanderos - spirits of Sailors and Pirates who manifest in Quimbanda. The 9 Generals of this Kingdom are:

- Exu dos Rios

Governing the forces related to rivers

- Exu das Cachoeira

Governing the forces related to waterfalls

- Exu da Pedra Preta

Governing the forces related to quarries

- Exu Marinheiro

Governing the forces related to sailors

- Exu Maré

Governing the forces related to the sea

- Exu do Lodo

Governing the forces related to swamps

- Exu Bahiano

Governing the forces related to Bahia (northern Brazil)

- Exu Dos Ventos

Governing the forces related to the winds

- Exu do Côco

Governing the forces related to islands

The '**Hierarchy of Talents**' that follows below can also be understood as Seven Secret Societies of Seven High Councils. Each of these Societies or Councils holds the secrets over particular aspects of Quimbanda. This structure is known as Lines (or Linhas in Portuguese) - 'vibrational lines' or rays of a particular energy.

Malei

This line or society is headed by Exu Rei and Pomba Gira Rainha das Sete Encruzilhadas and guards the mysteries and secrets related to ancient shamanic practices. The 'seven elders' of this line or society are:

- Exu Rei das Sete Encruzilhadas
- Exu Marabô
- Exu Mangueira
- Exu Tranca Ruas das Almas
- Exu Tiriri
- Exu Veludo
- Exu dos Campinas

Nagô

This line or society is headed by Exu Gererê and Pomba Gira Maria Padilha and guards the mysteries and secrets related to the mysteries of African Witchcraft and Magic and also of Necromancy - magical workings and conjurations involving the Souls of the Dead, as practiced in African and also in Medieval European Witchcraft. The 'seven elders' of this line or society are:

- Exu Quebra Galho
- Exu Sete Cruzes
- Exu Gira Mundo
- Exu dos Cemitérios
- Exu Capa Preta
- Exu Curador
- Exu Ganga

Caboclos Kimbandeiros

This line or society is headed by Exu Pantera Negra and Pomba Gira da Figueira and guards the mysteries and secrets related to the Aboriginal Brazilian Heritage of Quimbanda. The 'seven elders' of this line or society are:

- Exu Sete Cachoeiras
- Exu Tronqueira
- Exu Sete Poeiras
- Exu das Matas
- Exu Sete Pedras
- Exu do Cheiro
- Exu Pedra Negra

Mossurubi

This line or society is headed by Exu Kaminaloá and Pomba Gira Maria Mulambo and guards the mysteries and secrets related to the North-African, Arabian and Mesopotamian heritage of Quimbanda. The 'seven elders' of this line or society are:

- Exu dos Ventos
- Exu Morcego
- Exu Sete Portas
- Exu Tranca Tudo
- Exu Marabá
- Exu 7 Sombras
- Exu Calunga

Das Almas

This line or society is headed by Exu Omolu and Pomba Gira das Almas and guards the mysteries and secrets related to psychic and mediumistic development. The 'seven elders' of this line or society are:

- Exu Mirim
- Exu Pimenta
- Exu 7 Montanhas
- Exu Ganga
- Exu Kaminaloá
- Exu Malê
- Exu Quirombô

Dos Cemitèrios

This line or society is headed by Exu Caveira Pomba Gira Rainha dos Cemitérios and guards the mysteries and secrets related to the work of Quimbanda that is carried out in the cemetery. The 'seven elders' of this line or society are:

- Exu Tatá Caveira
- Exu Brasa
- Exu Pemba
- Exu do Lodo
- Exu Carangola
- Exu Arranca Toco
- Exu Pagão

Mista

This line or society is headed by Exu dos Rio. This group of spirits guards the mysteries and secrets related to everything hidden, mysterious, troublesome and dangerous. Within this line we also find what is called Kiumbas - destructive and troublesome spirits of darkness.

Some Kimbandeiros connect the seven kingdoms above to 'seven roads a man has to travel in his life':

1) The road of spirituality

2) The road of matter or material 'things'

3) The road of off-spring or children

4) The road of abundance and wealth

5) The road of physical labor

6) The road of pleasure

7) The road of love

Within the 7 Lines of Quimbanda - no matter if we apply the Rule of Places or the Rule of Talents, we find several other sub-lines. Below are some more information on those rare entities and on the lines/kingdoms/councils in which they operate.

Within the **Mossurubi Line** for example who's Exus and Pomba Giras are the guardians of the mysteries and secrets of Quimbanda related to the North-African, Sub-Saharan, Arabian and Asian heritage of Quimbanda, we find the following sub-divisions:

The Line of the Air

Headed by Exu Ventania, who is also associated with the all winds, storms, hurricanes and twisters and magical workings performed near or on the beach and ocean shored. Other entities in this line, which is not very well known, are:

- Exu da Areia (also called Exu Pazuzu)

- Exu Sete Tempestades

- Exu to Ar

- Exu Corta Vento

- Exu Sete Nuvens

- Dama dos Ventos

The Line of Vampires

Headed by Exu Morgeco, who is also associated with the Crossroads of open spaces and plaza's. Other entities in this line, which is not very well known, are:

- Exu Vampiro
- Exu Asa Negra
- Exu Sete Presas
- Exu Veludo
- Exu do Sangue
- Dama do Sangue

The Line of the Sea

Headed by Exu Calunga, who is also associated with the mysteries of the depth of the sea and the cemetery, governing the forces related to bushes of the cemetery. Other entities in this line, which is not very well known, are:

- Exu Maré
- Exu Pirata
- Exu Rei dos Mares
- Exu Sete Ondas
- Exu do Mar
- Dama dos Mares
- Pombogira da Praia

Besides these hierarchies, we also find that most Exus and Pomba Giras have what can be called 'roads' or 'qualities'. To better understand this, here the example of Exu Cigano. From the hierarchy above we know that this Exu belongs to the Kingdom of the Lyre and represents all gypsies who manifest therein. What we know about him is as follows:

EXU CIGANO

This Exu appears as a gypsy. When he was alive on the earth, he was an Arabian gypsy who came to Brazil as a slave. His name in life was Hassam and he was the first gypsy to be initiated into the Afro-Brazilian tradition of Quimbanda, and leader of all gypsies who were initiated after him. He first started manifesting in Quimbanda, then in Umbanda. Finally he became known as 'Gypsy L' erú' which means 'the gypsy who once was a slave'. He dresses in very colorful cloths, with an Arabian style turban and pants. He is one of the few male gypsies who present themselves this way, as the majority prefers a felt hat or head scarf as well as shirt and jackets. What we see here is that most gypsies are incorporated into Quimbanda in resent times. We also need to see that not every Gypsy spirit is an Exu or Pomba Gira. Umbanda and other spiritual traditions also have manifestations of Gypsy Spirits. The Gypsies of Quimbanda are generally called Ciganos Quimbanderos - Gypsies of Quimbanda - and were in life associated with this cult. Some other roads/manifestations of Exu Cigano are as follows:

Exu Cigano do Oriente - Exu the Gypsy of the East

He comes from the East Africa, Arabia and others Middle Eastern countries

Exu Cigano do Circo - Exu the Gypsy of the Circus.

He works as indicates his name - in the circus and also in arenas and stadiums as well as other places of public spectacles.

Exu Cigano do Pandeiro - Exu the Gypsy of the Tambourine

He comes with a tambourine in the hand and is a good dancer.

Exu Cigano Caló - Exu, the Caló (-speaking) Gypsy.

He represents all the gypsies that came to Brazil from Portugal, Spain and France. Reference is given here to Caló, the language of the Spanish Gypsies who are also referred to as Zincarli

Exu Cigano da Praça - Exu the Gypsy of the Plaza.

He is the merchant seeking opportunities in the plazas, fairs and parks, doing business.

Exu Cigano Romanó - Exu the Romanian Gyps.

He represents the gypsies of Easter Europe.

Exu Cigano da Lira - Exu the Gypsy of the Lyre.

He is a skilful musician and singer who plays a lyre or guitar.

Exu Cigano Gira-mundo - Exu the Gypsy who makes the world turn.

This Exu is the traveler in his caravan, who moves from place to place.

Exu Cigano do Garito - Exu the Gypsy of the Casino.

He is the gypsy who works in the 'sacred gambling house'.

Working with Exu

It must be stressed that it is not advisable to "pick and choose" any Exu or Pomba Gira to randomly work with **on a deeper level**. Many western practitioners of various magical and new age traditions not only believe that it is perfectly valid to invoke just any spiritual entity at their leisure, but also have a tendency to completely ignore any hierarchy and go "straight to the top". This is not just dangerous but simply stupid! If you are looking for a job a Microsoft, you would not call Bill Gates directly, but would either contact your regional/national Microsoft office and ask to speak to HR, or see if one of your friends who already knows "someone on the inside" might be able to help you. In the same aspect, most high profile Managing Directors, Politicians or Military Generals do not concern themselves with the average person that just stumbles in off the street to see if there are any vacancies. Such minor decisions are usually left to their subordinate staff.

The Exus and Pomba Giras are no different. Just because we are dealing with the spirit world does not mean that we can completely forget or ignore common sense and all rules of conduct - which are almost the same on this plane as they are in the realm of spirit. Even though it would be ideal to work with a Quimbandero or Quimbandera to determine a person's personal Exu, this is not always possible. The following ritual is a little "push" in the right direction and can help to contact your personal Exu - and in time develop a working relationship with him. This should not be mistaken for a true divination or initiation into Quimbanda. There are no self-initiations in Quimbanda or any other African derived tradition, and the ritual below will only substitute until the opportunity to work with a house of Quimbanda becomes available.

Before you perform this little ceremony, ask yourself why you want to work with Exu. What is it you are looking for? Are you simply curious about Quimanda and enchanted by the myths and legends surrounding this tradition? Are you attracted by the darkness and power some individuals glorify so much? Or are you interested in confronting your deepest and truest self and live life more successfully and to the fullest? All this might sound very "new age" or come across as "arm chair psychology", but the spirits of Quimbanda are - compared to other spirit entities - much closer to earth and therefore very close to our lower self and to our shadow, the "negative" part of us we like to overlook and ignore.

What ever your reasons might be, understand that is might not be so easy to dismiss, ignore and dispatch of Exu once you have awakened him! Once a spirit of this genre has taken an interest in you and has been accustomed to the attention and offerings of smoke, alcohol and food, he will want to keep this relationship going. Above all else, ask yourself if you are able to handle what you are about to conjure up! No offence to anyone, but this is not simply a "though form" or some sort of spirit pet which will go away if you ignore it long enough!

On a Friday night, after sunset, take one red and one black candle and place them in candle holders on the floor. Prepare one cup of strong black coffee and one glass of white rum. Place all this on the floor as well. Light the candles and knock on the floor 3 times, as if you were knocking on a door. Say *"Exu, Exu, Exu"*. Stand up straight and state who you are. Don't try to impress the spirits with all sorts of degrees or initiation, but simply state your full name and your date of birth as well as place of birth. Continue by stating that you wish to invite your personal Exu to work with you. Tell him why you want to work with him and that you have brought him the gifts in front of you - candles, strong coffee and rum. Ask him to come to you in dreams, to teach you his mysteries and to work with you. Tell him that from now on you will light one black and one red candle for him every Friday. Ask him to open the roads for you to learn the tradition of Quimbanda properly, under the guidance of a house, if this is what you are looking for.

Turn around and go to sleep. Do not look over your shoulder, but leave the candles burning as they are. Remove the offering in the morning, disposing of the candle remnants and liquids at a cross road near your home. Stick with the promise you made to Exu and indeed light him two candles every Friday for 7 weeks!

Don't expect Exu to reveal himself to you straight away. This little ceremony will open a door and send out a light for Exu, telling him that you hope to get to know him better. He does not always do what we expect him to do but has his own ways of making his presence known - and he will surly find a way to let you know that he has heard your call. Please don't expect clear dreams or visions in which Exu introduced himself to you formally. This rarely happens. It's best to leave your expectations to the side and to see what happens.

This simple ceremony is no substitution for formal training under the guidance of a house of Quimbanda and will not bestow license to work with these spirits

CURIMBAS FOR EXU

The next pages contain sung invocations (Pontos Cantados/ Curimbas) for some of the most popular Exus of Quimbanda and Umbanda

MEUS AMIGOS
- MY FRIENDS -

SEU MARABÔ, TIRIRI, SEU TRANCA RUA,
EU VENHO P'RA ENCRUZILHADA,
PEDIR UM AJUDA SUA.
(REPEAT)
SEU SETE CAPAS, MEU EXÚ,
MEU DEFENSOR,
ZÉ PELINTRA NA ENCRUZA,
EU SEI QUE TU É DOUTOR.
MARIA PADILHA,
RAINHA DO CANDOMBLÉ,
VENHA ME VALER AGORA,
EU PRECISO DA SENHORA.
QUISERAM PÔR FOGO NO MEU BARRACÃO,
ESQUECERAM QUE EU TAMBÉM,
TENHO EXÚ E CORAÇÃO.
(REPEAT)

GRITO BEM ALTO,
MEUS AMIGOS DA ENCRUZA,
VOCÊS VÃO ME DEFENDER,
COM UM PAI NINGUEM ABUSA.
QUISERAM PÔR FOGO NO MEU BARRACÃO,
ESQUECERAM QUE EU TAMBÉM,
TENHO EXÚ E CORAÇÃO.
(REPEAT)

*GRITO BEM ALTO,
MEUS AMIGOS DA ENCRUZA,
VOCÊS VÃO ME DEFENDER,
COM UM PAI NINGUEM ABUSA.*

FOR VARIOUS EXÚS

EXÚ É DE QUERER, QUERER,
NA SUA BANDA EU QUERO VER.
(REPEAT)

MAS ELE CHEGA NO ROMPER DA AURORA,
SEU SETE ENCRUZAS MANDA AGORA,
SEU MARABÔ QUEM MANDA AGORA.
SEU ....

EXÚ ARRANCA TOCO

EXU É MOJUBÁ, ENA, ENA É MOJUBÁ.
(REPEAT)

ARRANCA TOCO É MOJUBÁ,
ENA, ENA É MOJUBÁ.
(REPEAT)

EXÚ BARÁ

ANDORINHA VOOU NA MATA,
NA ENCRUZA FOI PARAR.
(REPEAT)

SALVE ESTA CASA SANTA,
SALVE ESTA BANDA LINDA,
SARAVÁ EXU BARÁ.

EXÚ BRASA

EXU BRASA NÃO É CRIANÇA,
QUE SE ENGANA COM TOSTÃO.
(REPEAT)

SÓ SE LEMBRAM DE SEU BRASA,
QUANDO ESTÃO EM AFLIÇÃO.
(REPEAT)

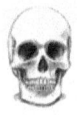

QUEM VOA BAIXO SEMPRE VOA,
QUEM MUITO SE ELEVA QUEBRA A ASA.
CUIDADO COM SUA MIRONGA SINHÔ,
EU CONTO COM EXU BRASA.

CALUNGUINHA DO MAR

MEIA-NOITE A MARÉ VAZANTE,
LUA VEIO ANUNCIAR.
(REPEAT)

EU JÁ VOU VENCER DEMANDA,
SARAVÁ CALUNGUINHA DO MAR.
(REPEAT)

EXÚ CAPA PRETA

CAPA PRETA NO REINO,
É UMA BELEZA. (REPEAT)
EU NUNCA VI UM EXU ASSIM,
ELE É MADEIRA QUE NÃO DÁ CUPIM.

AO VER EXU NA ENCRUZA,
COM ELE NÃO SE META.
(REPEAT)

É ALI QUE ELE TRABALHA,
O REINO É DE CAPA PRETA.

EXÚ CAVEIRA

TOMA LÁ, TRAZ CÁ,
Ó CAVEIRA.
TOMA LÁ, TRAZ CÁ,
Ó CAVEIRA.

PORTÃO DE FERRO,
CADEADO DE MADEIRA.
NA PORTA DO CEMITÉRIO,
QUEM MORA É EXU CAVEIRA.

EXÚ CORTA CORTA

SE O SEU OBÉ É DE AÇO,
O SEU GARFO É DE MADEIRA.
(REPEAT)

SARAVÁ SUA MIRONGA,
SEU CORTA-CORTA É DE QUIMBANDA,
ELE MORA NA LIMEIRA.
(REPEAT)

SEU CORTA-CORTA, SEU CORTA-CORTA,
SEGURA A GIRA.
(REPEAT)

EXÚ DA CAMPINA

CAMPINÉRO É, RERÊ,
CAMPINÉRO Á.
(REPEAT)

SARAVÁ EXU CAMPINA,
LAROIÊ, É MOJUBÁ.
(REPEAT)

EXÚ DAS MATAS

EXU DAS MATAS É,
EXU DAS MATAS É,
EXU DAS MATAS É REI,
MEU SENHOR,
EXU DAS MATAS É,
PARA TODO O MAL LEVAR.

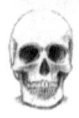

EU VI UM CLARÃO NAS MATAS,
E PENSAVA QUE ERA DIA.
(REPEAT)

ERA O EXU DAS MATAS,
QUE FAZIA SUA MAGIA.
(REPEAT)

EXÚ DUAS CABEÇAS

EXU QUE TEM DUAS CABEÇAS,
ELE OLHA SUA BANDA COM FÉ.
(REPEAT)

OI UMA É SATANÁS DO INFERNO,
E A OUTRA É DE JESUS DE NAZARÉ.
(REPEAT)

EXÚ DESTRANCA RUA

DESTRANCA RUA,
DESTRANCA OS MEUS CAMINHOS,
QUE FOI TRANCADO,
PELO POVO PEQUENINO.
(REPEAT)

BARÁ DA RUA,
BARÁ O EXÚ,
BARÁ DA RUA,
SARAVÁ DESTRANCA RUA,
EXÚ BARÁ DA RUA,
BARÁ O EXÚ,
BARÁ DA RUA,
SARAVÁ DESTRANCA RUA,
MAS EU NÃO SAIO NA RUA,
MAS EU NÃO VOLTO DA RUA,
SEM CUMPRIMENTAR,
O MEU BARÁ DA RUA,
BARÁ DA RUA,
BARÁ O EXÚ,
BARÁ DA RUA,
SARAVÁ DESTRANCA RUA,
EXÚ BARÁ DA RUA,
SARAVÁ DESTRANCA RUA.
(REPEAT)

EXÚ DO FOGO

VALHA-ME MEU SANTO ANTÔNIO,
QUEM SE DEFENDE NÃO É BOBO.
(REPEAT)

EU ME VALHO COM EXU,
VALHA-ME EXU DO FOGO.

A ENCRUZA ESTREMECEU,
UMA GARGALHADA SOOU NO ALÉM.
(REPEAT)

SALVE EXU QUE É BATIZADO,
EXU DO FOGO NÃO ATACA NINGUÉM.
O EXU É BOM NÃO ATACA NINGUÉM.
O EXU É BOM NÃO ATACA NINGUÉM.
(REPEAT)

EXÚ DO LÔDO

EXÚ PEQUENININHO,
DELE NÃO FAÇA POUCO,
OLHA LÁ QUE ELE É EXÚ,
ELE É O EXÚ DO LODO.
(REPEAT)

OI EXÚ DO LODO,
VOCÊ NÃO É BRINCADEIRA,
EXÚ DO LODO,
VOCÊ MORA NA LADEIRA,
A CAPA P'RA EXÚ,
QUE EU MANDEI FAZER,
NÃO ERA P'RA EXÚ,
É P'RA BARÁ LODÊ.
OI A CAPA P'RA EXÚ,
QUE EU MANDEI FAZER,
OI NÃO ERA P'RA EXÚ,
É P'RA BARÁ LODÊ.
(REPEAT)

EXÚ DO LÔDO,
DO LÔDO ELE É ODÊ.
QUEM É ESSE EXÚ,
AGORA EU QUERO VER.
(REPEAT)

NA PRAIA DESERTA E VI EXU,
ENTÃO MEU CORPO TREMEU TODO.
(REPEAT)

ACENDI MINHA VELA E MEU CHARUTO,
ARRIEI MINHA MARAFO,
SARAVEI EXU DO LODO.
(REPEAT)

EXÚ DOS RIOS

MEUS SENHOR DAS ALMAS,
EXU DOS RIOS VEM AÍ.
(REPEAT)

ELE VEM ACOMPANHADO,
DO SEU IRMÃO TIRIRI.
(REPEAT)

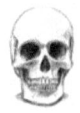

O RIO CORRE PRO MAR,
RUA CORRE PRA ENCRUZA.
(REPEAT)

LOUVADO SEJA EXU DOS RIOS,
QUE DEMANDA NÃO RECUSA.
(REPEAT)

EXÚ DOS VENTOS

VENTANIA BALANÇOU,
FOLHA CAIU NA ENCRUZA.
(REPEAT)

ERA EXU DOS VENTOS,
COM ELE NINGUÉM ABUSA.

EXU É MALELÊ,
EXU DOS VENTOS, QUIANGA.
GANGA, NUM GANGA, MALECÔ,
EXU DOS VENTOS É QUIANGA

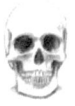

VENTO VENTOU,
VENTANIA VAI EMBORA!...
(REPEAT)

VAI PRO LUGAR DA PAZ,
VAI PRO LUGAR DO AMOR!...
(REPEAT)

DEU MEIA NOITE,
NA TERRA E NO MAR!...
NO MATO E NA KALUNGA,
EM TODO LUGAR!...
(REPEAT)

SEU VENTANIA
NÃO TEM HORA PRA CHEGAR!
(REPEAT)

DEPOIS DA MEIA NOITE,
CHEGA EM QUALQUER LUGAR!...
(REPEAT)

VENTA A NOITE, VENTA O DIA,
SOU EXÚ DA VENTANIA!
(REPEAT)

NA COMPANHIA DE EXÚ REI,
VENTANIA!
(REPEAT)

EXÚ GANGA

EU FUI NO MATO, GANGA,
COLHER CIPÓ, GANGA,
EU VI UM BICHO, GANGA,
COM UM OLHO SÓ, GANGA...

EXÚ GANGA,
EXÚ GANGA É MARABÔ,
EXÚ GANGA,
EXÚ GANGA É MARABÔ
(REPEAT)

GANGA LELÊ, GANGA LELÊ,
ELE É EXU GANGA,
GANGA LELÊ, GANGA LELÁ,
ELE Á EXU GANGÁ.

É QUI GANGA Ê, É QUI GANGA Ô,
EXU GANGA É DE QUIMBANDA,
Ô QUI GANGA Ô.

EXÚ GARGALHADA

QUEM PENSAR QUE O CÉU É PERTO,
NAS NUVENS NÃO VAI CHEGAR.
SEU GARGALHADA ESTÁ RINDO,
DO TOMBO QUE VAI LEVAR.

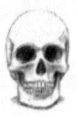

O LUAR BRILHOU NA MATA,
GATO MIOU NA ENCRUZA,
SARAVEI SEU GARGALHADA,
É EXU MEU CAMARADA,
COM ELE NINGUÉM ABUSA.

RI, QUÁ, QUÁ, QUÁ,
OLHA SEU GARGALHADA
TÁ PRA CHEGAR.
(REPEAT)

BANDA DE EXU VAI COMEÇAR,
E EXU GARGALHADA
QUE VAI MANDAR.

*QUEM RI NA ENCRUZA É REI,
QUEM BRILHA NO CÉU É A LUA,
EXU GARGALHADA
BAIXOU NESTA BANDA,
DANDO SUAS GARGALHADAS,
SARAVANDO SUA RUA.*

EXÚ GIRA-MUNDO

*Ê GIRÊ, O GIRÁ,
GIRA MUNDO VAI CHEGAR.
Ê GIRÊ, O GIRÁ,
PARA TODO MAL LEVAR.
Ê GIRÊ, O GIRÁ,
LÁ PARA O FUNDO DO MAR.
Ê GIRÊ, O GIRÁ.*

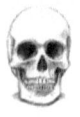

*COMIGO NINGUÉM PODE,
MAS EU POSSO COM TUDO,
NA MINHA ENCRUZILHADA,
EU ME CHAMO GIRA-MUNDO.*
(REPEAT)

EXÚ JOÃO CAVEIRA

MOÇO, VOU LHE APRESENTAR,
VOU LHE APRESENTAR,
UM ESPÍRITO DE LUZ,
PARA LHE AJUDAR,
OI MOÇO, VOU LHE APRESENTAR,
VOU LHE APRESENTAR,
UM ESPÍRITO DE LUZ,
PARA LHE AJUDAR.

ELE É JOÃO CAVEIRA,
ELE É FILHO DE OMULÚ,
QUEM QUISER FALAR COM ELE,
ALUBANDÊ EXÚ.
(REPEAT)

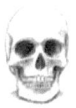

PORTÃO DE FERRO,
CADEADO DE MADEIRA,
NO PORTÃO DO CEMITÉRIO,
QUEM MANDA É O EXÚ CAVEIRA.

ELE MORA NA PEDRA DOURADA,
ONDE NÃO PASSA ÁGUA,
ONDE NÃO BRILHA O SOL...
(REPEAT)

MAS ELE É JOÃO CAVEIRA É,
É O EXÚ DAS ALMAS,
DA KALUNGA AUÊ...
(REPEAT)

CAVEIRA, CAVEIRINHA,
QUEM TE PEDE TE PAGA,
CAVEIRA, CAVEIRINHA,
NO PORTÃO DA MEIA NOITE.
(REPEAT)

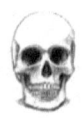

AONDE VAI EXÚ,
VAI CORRER CARREIRA,
LÁ NO CIMITÉRIO,
ELE É O EXÚ CAVEIRA.
(REPEAT)

CAVEIRA, CAVEIRA!...
OLHA O TEU POVO TE CHAMOU,
PRA TRABALHAR.
(REPEAT)

PORTÃO DE FERRO,
CADEADO É DE MADEIRA.
O DONO DA KALUNGA,
AINDA É O EXÚ CAVEIRA.
(REPEAT)

OLHA LÁ QUEM VEM LÁ,
DESCENDO A LADEIRA,
OLHA LÁ QUEM VEM LÁ,
É O EXÚ CAVEIRA.
(REPEAT)

EXÚ KALUNGA

RODEIA, RODEIA, RODEIA,
MEU SANTO ANTÔNIO, RODEIA.
(REPEAT)

MEU SANTO ANTÔNIO PEQUENINO,
AMANSADOR DE BURRO BRABO.
QUEM MEXE COM SEU KALUNGA,
TÁ MEXENDO COM O DIABO.
RODEIA, RODEIA, RODEIA,...

EXÚ É CAINANA,
QUEM TE MANDOU, CAINANA
FOI EXÚ CAINANA, EU MEU,
PROTECTOR CAINANA,
ELÉ É QUEM MI LIVRA, CAINANA,
DE TODO HORROR, CAINANA.
EXÚ CAINANA
(REPEAT)

EU TÓ TE CHAMANDO, Ó CALUNGA
PRA VOCÉ TRABALHAR
QUANDO EU TÉ VEJO, Ó CALUNGA
VEJO TAMBEM A SEREIA DO MAR
(REPEAT)

EXÚ KAMINALOÁ

EXU FOI BATIZADO,
E RECEBEU A SUA CRUZ,
NA FALANGE DE DOM MIGUEL,
KAMINALOÁ NOS DEFENDE,
NOS CONDUZ.

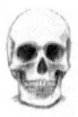

EXU FORMOSO,
ASSIM EU NUNCA VI.
(REPEAT)

KAMINALOÁ É CHEIO DE LUZ,
NA LINHA DE MUSSURUMI.
(REPEAT)

EXÚ LALU

ELE É LALU, LALU,
É LAROIÊ.
ELE É LALU, LALU,
É LAROIÊ.
(REPEAT)

Ô EMBARA, EMBARÁ, EMBARÁ.
(REPEAT)

BANDA DE EXU ,
EMBARA, EMBARÁ,
DE EXU LALU,
EMBARA, EMBARÁ.
(REPEAT)

LALU ERA ANJO DO CÉU,
E DO CÉU FOI DESPEJADO.
(REPEAT)

NA TRONQUEIRA DA KALUNGA,
TEM SEU PONTO CONFIRMADO.
(REPEAT)

O SEU PONTO É FIRME, ELE É EXU,
O SEU PONTO É FIRME, ELE É EXU LALU.
(REPEAT)

EXÚ LONAN

EMBARABÔ,
É MOJUBÁ, PARA LECOCHÉ.
(REPEAT)

ELE É EXU BARÁ, BARÁ LECOCHÉ.
EMBARABÔ É MOJUBÁ.
PARA OBEBÉ, EXU LONAN, EXU LONAN,
PARA OBEBÉ, EXU LONAN, EXU LONAN.
(REPEAT)

EXÚ LÚCIFER

DEU MEIA-NOITE,
DEU MEIA-NOITE JÁ.
(REPEAT)

SETE FACAS ENCRUZADAS,
EM CIMA DE UMA MESA,
QUEM ATIROU FOI LÚCIFER,
PRA MOSTRAR QUEM ELE É.

EXÚ MALÊ

EXU É MALELÊ, É LAROIÊ.
(REPEAT)

POVO DA ENCRUZA É MALELÊ,
É EXU MALÊ.
(REPEAT)

EXÚ MANGUEIRA

VIVA AS ALMAS,
VIVA A COROA E A FÉ
(OI VIVA AS ALMAS).
VIVA EXU NAS ALMAS,
ELE É SEU MANGUEIRA DE FÉ
(OI VIVA AS ALMAS).

EXU GANHOU GARRAFA DE MARAFO,
E LEVOU NA CAPELA PRA BENZER(Ê),
SEU MANGUEIRA CORREU E GRITOU:
NA BATINA DO PADRE TEM DENDÊ, TEM!
TEM DENDÊ, NA BATINA DO PADRE TEM DENDÊ.
TEM DENDÊ, NA BATINA DO PADRE TEM DENDÊ.

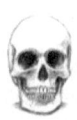

EXU TRABALHA DE PÉ,
NÃO SE SENTA NA CADEIRA.
(REPEAT)

GOSTA DE TOMAR MARAFO,
DE BRINCAR COM O SEU GARFO,
SARAVÁ EXU MANGUEIRA

ESSE BOI VERMELHO, KALUNGA,
CAIU MANGUEIRA, KALUNGA,
ARRANCA O COURO DELE, KALUNGA,
PRA FAZER PANDEIRO, KALUNGA.

EXÚ MARABÔ

MARABÔ AE, MARABÔ DE BA O EXÚ.
MARABÔ AE, MARABÔ DE BA O EXÚ.

OLHA A GINGA DE MALANDRO E,
OLHA A GINGA DE MALANDRO A...

CRUZ DE FERRO, PÓ DE MICO,
SARAVÁ SEU MARABÔ!
ELE É CHEFE DE TERREIRO,
NA LINHA DE NAGÔ.
(REPEAT)

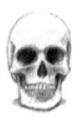

ELE VEM DE LONGE, MAS CHEGA AQUI...
E QUANDO VEM, ALGUÉM LHE CHAMOU.
(REPEAT)

VEM SALVANDO TODA A ENCRUZA,
JÁ CHEGOU SEU MARABÔ.
(REPEAT)

QUEM NUNCA VIU, VENHA VER...
MARABÔ NA ENCRUZA, É DE QUENGUERÊ.

VINHA PASSANDO PELA RUA,
QUANDO OUVI,
SEU MARABÔ ME CHAMAR.
(REPEAT)

LOUVEI A ENCRUZA, LOUVEI A LUA,
SARAVÁ SEU MARABÔ,
QUE CAMINHA PELA RUA.

POEIRA, POEIRA,
POEIRA DE EXU MARABÔ, POEIRA,
POEIRA DE EXU MARABÔ, POEIRA,
POEIRA DA ENCRUZILHADA, POEIRA,
POEIRA, POEIRÁ.

CAMINHEI PELA ESTRADA DESERTA,
CAMINHEI SEM OLHAR PARA A LUA.
(REPEAT)

ATÉ QUE CHEGUEI NA MINHA MORADA,
SOU MARABÔ DA ENCRUZILHADA,
SOU UM DOS DONOS DA RUA.
(REPEAT)

EXU MARABÔ, IÊ, MARABÔ MOJIBÁ.
(REPEAT)

NO CEMITÉRIO, ELE É MARABÔ,
NA ENCRUZILHADA, ELE É MOJIBÁ.
(REPEAT)

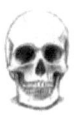

EU VOU MANDAR CHAMAR,
EU VOU CHAMAR LÁ DE ARUANDA.
(REPEAT)

EU VOU MANDAR CHAMAR,
SEU MARABÔ NA QUIMBANDA.
(REPEAT)

MARABÔ/POMBA GIRA

*O INFERNO PEGOU FOGO,
FOI POMBA GIRA QUEM APAGOU.
(REPEAT)*

*BANDA DE EXÚ, EXÚ, ALA-LA-Ô,
É POMBA GIRA E SEU MARABÔ.
(REPEAT)*

MARABÔ/MARIA PADILHA

*ARREDA, ARREDA,
QUE AÍ VEM MULHER.*
(REPEAT)

*É MARIA PADILHA
A MULHER DE LÚCIFER.*
(REPEAT)

*EXÚ MARABÔ VEM NA FRENTE,
DIZENDO QUEM ELA É.*
(REPEAT)

*ELA É MARIA PADILHA,
A MULHER DE LÚCIFER.*
(REPEAT)

MARABÕ/POMBA GIRA/7 ENCRUZAS

CORRE, CORRE, ENCRUZILHADA,
POMBA GIRA QUEM MANDOU.
(REPEAT)

NA PORTEIRA DA KALUNGA, AUÊ,
OUÇO UM BRADO É MARABÔ. EXÚ.
(REPEAT)

EXô MARABÔ TOQUINHO

*ELE É MARABÔ TOQUINHO,
DONO DO CANTO DA RUA.
ELE QUANDO PEGA DEMANDA,
É SEMPRE OGUM QUEM MANDA,
PEDAÇO POR PEDACINHO.
(REPEAT)*

EXÚ MARÉ

EU FUI NO MAR!...
EU FUI NA BEIRA DA PRAIA,
PRA SAUDAR EXÚ MARÉ,
E A FALANGE DO POVO DO MAR.

EXÚ MARÉ!...
EU VIM AQUI PRA TE SAUDAR...
EXÚ MARÉ E
A FALANGE DO POVO DO MAR.

VOCÊ TEM QUE VER!...
VOCÊ TEM QUE ACREDITAR!...
QUE A MAIOR KALUNGA É...
A KALUNGA DO FUNDO DO MAR!
(REPEAT)

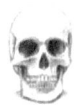

NAGÔ Ô Ô, NAGÔ Ô Ô...
EU SOU FILHA DO REI NAGÔ Ô Ô...
(REPEAT)

EU SOU FILHA DO REI OXALÁ,
DO SEU SETE E DE XANGÔ,
OI EU ENTRO NA GIRA,
E FAÇO COM FÉ,
RECEBO FORÇA COMO FILHA DE FÉ,
MAS O MEU PAI SEMPRE
VENCEU DEMANDA,
COM ELE NÃO HÁ NENHUMA DEMANDA,
O MEU PAI VEM DE ARUANDA,
SEU CAPA PRETA ENTRA NA UMBANDA.

POMBA GIRÊ CACURUCAI,
OLHA POMBA GIRÊ CACURUCAI.
(REPEAT)

JÁ BATEU MEIA NOITE...

POMBA GIRÊ CACURUCAI,
OLHA POMBA GIRÊ CACURUCAI.
(REPEAT)

ELA VAI VENCER DEMANDA...
POMBA GIRÊ CACURUCAI,
OLHA POMBA GIRÊ CACURUCAI.
(REPEAT)

ELA MANDA NA ENCRUZA...
POMBA GIRÊ CACURUCAI,
OLHA POMBA GIRÊ CACURUCAI.
(REPEAT)

ELA ABRE OS MEUS CAMINHOS...

POMBA GIRÊ CACURUCAI,
OLHA POMBA GIRÊ CACURUCAI.
(REPEAT)

É MULHER DE SETE EXÚS...
POMBA GIRÊ CACURUCAI,
OLHA POMBA GIRÊ CACURUCAI.
(REPEAT)

ELA DESMANCHA MIRONGA...

POMBA GIRÊ CACURUCAI,
OLHA POMBA GIRÊ CACURUCAI.
(REPEAT)

E O GALO JÁ CANTOU...

POMBA GIRÊ CACURUCAI,
OLHA POMBA GIRÊ CACURUCAI.
(REPEAT)

POMBA GIRA JÁ BAIXOU...
POMBA GIRÊ CACURUCAI,
OLHA POMBA GIRÊ CACURUCAI.
(REPEAT)

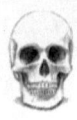

ELA VAI, ELA VAI, ELA VAI, GIRAR...
(REPEAT)

POMBA GIRÊ OI, POMBA GIRÊ OI...
GIROU, GIROU, GIROU, NO AR...
(REPEAT)

MARÉ, MARÉ! VEM DO MAR.
MARÉ, MARÉ! VEM PRA TRABALHAR.
(REPEAT)

MARÉ! TEU POVO TE CHAMA,
MARÉ! TEU POVO A CHAMAR.
MARÉ, VEM DE ARUANDA,
MARÉ, VEM PRA TRABALHAR.
(REPEAT)

ELE VEM NAS ONDAS DO MAR,
PRA MOSTRAR QUEM ELE É.
VEM PARA VENCER DEMANDAS,
ELE É EXU MARÉ.
(REPEAT)

EXU MARÉ É REI NA QUIMBANDA,
EXU MARÉ É REI, ELE É,
NAS DEMANDAS NÃO NEGA FOGO,
TRABALHANDO NAS ENCRUZAS,
ELE É EXU MARÉ.

QUANDO A MARÉ ESCOA,
A PRAIA VAI FICANDO VAZIA.
É EXU MARÉ QUE VEM CHEGANDO,
SARAVANDO ENCRUZILHADAS,
FAZENDO SUA MAGIA.
(REPEAT)

EXÚ MARÉ, MARÉ, MARÉ...
(REPEAT)

AFIRMA O CABRITO,
LEVANTA O QUATRO PÉ,
AFIRMA O SEU PONTO,
VEM CHEGANDO EXÚ MARÉ
(REPEAT)
EXÚ MARÉ, POMBA GIRA DA PRAIA,
EXÚ NA AREIA
(REPEAT)

EXÚ MEIA-NOITE

EXU DA MEIA-NOITE,
EXU DA MADRUGADA.
(REPEAT)
SALVE O POVO DA QUIMBANDA,
SEM EXU NÃO SE FAZ NADA.

SEU MEIA-NOITE, SERENO CAI,
CAI, CAI, SERENO CAI.
SEU MEIA-NOITE, SERENO CAI,
CAI, CAI, SERENO CAI.

SEU MEIA-NOITE,
NO PONTO DE MINA.
(REPEAT)
LAROIÊ GALO JÁ CANTOU,
LAROIÊ, GALO JÁ CANTOU,
LAROIÊ GALO JÁ CANTOU.
(REPEAT)

SEU MEIA-NOITE NA ENCRUZA,
GALO CANTA, GATO MIA.
(REPEAT)

QUEM TRABALHA COM EXU,
NÃO TEM HORA, NÃO TEM DIA.
BUSCA SEMPRE A MELHORIA.
(REPEAT)

EXU MEIA-NOITE/POMBA GIRA

SALVE, EXÚ DA MEIA-NOITE,
SALVE, EXÚ DA ENCRUZILHADA,
SALVE, O POVO DE ARUANDA,
SEM EXÚ NÃO SE FAZ NADA.
(REPEAT)

COM SETE FACAS CRAVADAS NUMA MESA,
SETE VELAS A ILUMINAR,
CHAMA À GIRA POMBA GIRA,
VAMOS COM ELES TRABALHAR.
(REPEAT)

EXÚ MIRIM

ELE É EXU, É EXU MIRIM,
(REPEAT)

NÃO ME NEGA NADA,
SEMPRE ME DIZ SIM.
(REPEAT)

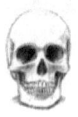

EXU MIRIM É MEU EXU DE FÉ,
EXU MIRIM É PEQUENO NA QUIMBANDA,
EXU MIRIM SARAVANDO A ENCRUZA,
EXU MIRIM VENCENDO SUAS DEMANDAS.
(REPEAT)

EXU MIRIM É UM EXU FORMOSO,
ELE É EXU DE FÉ.
(REPEAT)
TEM UM PAI E TEM UM MANO,
ESSE MANO É LUCIFER.
(REPEAT)

FÁ, FÁ, FÁ LEMI EBÓ,
FÁ, FÁ, FÁ LEMI EBÓ,
FÁ LEMI EBÓ,
EXU MIRIM DESPACHA EBÓ.

EXÚ MULAMBO

VEJAM SEU TERNO BRANCO,
É TODO MULAMBO SÓ.
(REPEAT)

MAS ELE É REI DE QUIMBANDA,
SEU MOLAMBO NÃO REJEITA EBÓ.
(REPEAT)

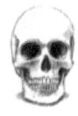

EXU MOLAMBO É MAROTO,
SÓ OLHA PRA MOÇA BELA,
COM SUA GARRAFA DE OTI,
FICA CHAMANDO NA JANELA.

ELE É SEU MOLAMBO, É UM EXU,
SEU FETICHE LEVA PENA DE URUBU.
(REPEAT)

EXÚ MORCEGO

SEU TERNO BRANCO,
SUA BENGALA.
(REPEAT)

NA ENCRUZILHADA,
QUIRI QUIRI QUIRI,
EXU MORCEGO DÁ RISADAS.
(REPEAT)

EXU MORCEGO, ELE É HOMEM É,
EXU MORCEGO, ELE É HOMEM É,
EXU MORCEGO, ELE É HOMEM É,
NA GIRA DA QUIMBANDA É HOMEM É.
(REPEAT)

EXÚ PAGÃO

EXU PAGÃO VAGOU PELA ENCRUZA,
VAGOU, VAGOU, ATÉ QUE CHEGOU.
ELE VEM GIRÁ, ELE VEM GIRÁ, ELE VEM GIRÁ..
EXU, VEM PRA TRABALHAR.
(REPEAT)

ELE NÃO FOI BATIZADO,
NÃO BUSCOU A SALVAÇÃO.
(REPEAT)

MAS ELE É QUEM VENCE DEMANDA,
SARAVÁ EXU PAGÃO.
(REPEAT)

EXÚ PEMBA

EXU PEMBA É HOMEM FORTE,
PROMETE PRA NÃO FALTAR.
(REPEAT)

QUANDO CORRE PELA ENCRUZA,
NOSSA DEMANDA VEM BUSCAR.
(REPEAT)

ELE É EXU DA PROMISSÃO,
ELE SEMPRE CUMPRE SUA MISSÃO.
(REPEAT)

EXÚ PIMENTA

*EXU É MALELÊ,
EXU PIMENTA QUI GANGA,
GANGA NUM GANGA MALECÔ,
EXU PIMENTA QUI GANGA.*

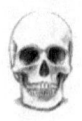

*TODO MUNDO QUER,
MAS SO UMBANDA E QUE AGUENTA,
CHEGA, CHAGE NO TERREIRO
CHEGA, CHEGA EXU PIMENTA*

EXU PEDRA NEGRA

SÁLA, SALÁ MUCARRÊRO,
SALA LEGBÁRA Ó SALÁ.
SARAVÁ PEDRA NEGRA,
SÁLA MUNGANGA Ê SALÁ.

NAO SEI QUE FOCO
NAO SEI QUE RESOLVER
ESTOU DESESPERADO
ESTOU PARA MORRER
EXU DA PDRA NEGRA
VEM ME AJUDAR
FAZ ENTRAT DINHEIRO
PARA ME SALVAR

EXÚ PINGA FOGO

PINGA FOGO LÁ NA ENCRUZA,
PINGA FOGO LÁ NA SERRA,
ABRE A PORTA GENTE,
PINGA FOGO TÁ NA TERRA.

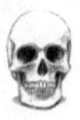

EU VI EXU PINGA FOGO,
NO ALTO DO CHAPADÃO.
COMENDO JÁCA MADURA,
JOGANDO AS VERDES NO CHÃO.

EXÚ POEIRA

NÃO PISA NA CAVEIRA,
NÃO PISA NA CAVEIRA,
QUIMBANDA VAI COMEÇAR.
NÃO PISA NA CAVEIRA,
NÃO PISA NA CAVEIRA,
EXU POEIRA VEM TRABALHAR.

MEU DEUS QUE VENTANIA,
MEU DEUS QUE TEMPORAL.
LALALÁ, LALALÊ,
EXU POEIRA É MAIORAL.
(REPEAT)

EXÚ PORTEIRO

O PORTEIRO ELE É BOÊMIO,
O PORTEIRO ELE É DA NOITE,
O PORTEIRO ELE É O EXÚ,
QUE VEM TRABALHAR.

ELE GIRA AQUI, OI GIRA,
ELE GIRA LÁ,
MAS ELE É O EXÚ,
QUE VEM TRABALHAR,
LÁ... LÁ... LAIA
(REPEAT)

EXÚ QUIROMBÔ

O SINO DA CAPELA FEZ BELÉM, BLÉM, BLOM,
DEU MEIA-NOITE O GALO JÁ CANTOU.
(REPEAT)

SEGURA A BANDA QUE OGUM MANDOU.
(REPEAT)

EXU QUIROMBÔ, VEM DO LADO DE LÁ.
(REPEAT)
EXU QUIROMBÔ É MEU PROTETOR,
VEM DO LADO DE LÁ.

QUEM MATOU, QUEM MATOU,
QUEM MATOU A CAINANA.
(REPEAT)
FOI EXU QUIROMBÔ,
QUE GANHOU SUA DEMANDA.
(REPEAT)

EXÚ REI

EXÚ REI É O MAIORAL,
EXÚ REI É O MAIORAL,
ELE VEM FAZER O BEM,
E TAMBÉM FAZER O MAL.

SETE PONTAS DE FACA,
EM CIMA DE UMA MESA,
SETE VELAS ACESAS,
LÁ NA ENCRUZILHADA,
EXÚ É REI, ALUBANDÊ EXÚ,
EXÚ É REI, ALUBANDÊ EXÚ,
EXÚ É REI, LÁ NAS SETE ENCRUZILHADAS.
SETE FACAS DE PONTA,
EM CIMA DE UMA MESA,
SETE VELAS ACESAS,
LÁ NA ENCRUZILHADA,
EXÚ É REI, ALUBANDÊ EXÚ,
EXÚ É REI, ALUBANDÊ EXÚ,
EXÚ É REI, LÁ NAS SETE ENCRUZILHADAS.

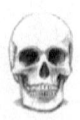

ESTAVA NA ENCRUZA CURIANDO,
QUANDO A BANDA LHE CHAMOU.
(REPEAT)

EXÚ NO TERREIRO É REI,
NA ENCRUZA ELE É DOUTOR.
(REPEAT)

EXÚ PEGA DEMANDA,
EXÚ É CURADOR.
(REPEAT)

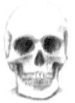

A ENCRUZA É DE EXU,
AFIRMO E NÃO ERREI.
(REPEAT)

SARAVÁ POVO DE QUIMBANDA,
SARAVÁ NOSSO EXU REI.
(REPEAT)

EU ADOREI AS ALMAS,
EU ADOREI,
EU ADOREI AS ALMAS,
EU ADOREI,
EU ADOREI AS ALMAS,
SÓ PORQUE,
EU ADOREI AS ALMAS,
MAS EU ADOREI,
EU ADOREI AS ALMAS,
EU ADOREI,
EU ADOREI AS ALMAS,
EU ADOREI,
EU ADOREI AS ALMAS,
SÓ PORQUE,
EU ADOREI AS ALMAS.
(REPEAT)

EXU TÁVA CURIANDO NA ENCRUZA,
QUANDO A BANDA LINDA LHE CHAMOU.
(REPEAT)

EXU NO TERREIRO É REI,
NA ENCRUZA ELE É DOUTOR.
(REPEAT)

*OIAIÁ CATIRA DE UMBANDA,
ESPIA, ESPIA, QUEM VEM LÁ,*
(REPEAT)

*É O SUPREMO REI DA QUIMBANDA,
CHEFE DE CHEFE É MAIORAL,*
(REPEAT)

*PISA, PISA NO TERREIRO,
PAPAI DE UMBANDA,
MANDOU LHE CHAMAR.*
(REPEAT)

EXÚ SETE CATACUMBAS

NA SÉTIMA COVA DO CEMITÉRIO,
SETE CATACUMBAS GEMEU.
SARAVOU SUA ENCRUZA,
E LEVOU O MAL QUE É MEU.
(REPEAT)

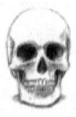

NO CORREDOR DO INFIERNO
EI VI SETE CATACUMBAS
GIRAVA NUM PÉ SÓ
PULANDO PELAS MACUMBAS.

EXÚ SETE CAVEIRAS

SEU SETE,
MEU AMIGO DE ALMA,
SEU SETE,
MEU IRMÃO QUIMBANDEIRO,
GIRAR, TODO MUNDO GIRA,
O SEU SETE É,
DA COROA DE OXALÁ, LARÁ... LAIÁ...
GIRAR, TODO MUNDO GIRA,
O SEU SETE É, DA COROA DE OXALÁ.
OI SEU SETE!...
(REPEAT)

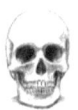

VOCÊ BOTOU O MEU NOME,
NA BOCA DE UM BODE,
MAS EU SOU FILHO DO SEU SETE,
COMIGO NINGUÉM PODE.
VOCÊ BOTOU, VOCÊ MESMO VAI TIRAR,
É UMA ORDEM DO SEU SETE,
VOCÊ TEM QUE RESPEITAR.
(REPEAT)

EXÚ SETE COVAS

EU NÃO TENHO PATRÃO,
KALUNGA FOI QUEM ME CRIOU.
MEU NOME É SETE COVAS,
MINHA QUIMBANDA ELE JÁ LOUVOU.

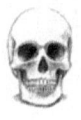

ELE É EXU PAGÃO,
NÃO TEM QUEM OBEDECER.
(REPEAT)

PRA ELE SÓ INTERESSA,
QUALQUER DEMANDA VENCER.

SE O EXU É BOM, ELE VENCE DEMANDA,
SEU SETE COVAS É REI NA QUIMBANDA.
(REPEAT)

EXÚ SETE CRUZES

CORRE, CORRE, ENCRUZILHADAS,
SETE ENCRUZAS JÁ CHEGOU.
(REPEAT)

NA PORTA DO CEMITÉRIO,
OUVI UMA GARGALHADA,
SETE ENCRUZAS JÁ CHEGOU.
(REPEAT)

SEU SETE ENCRUZAS
NA QUIMBANDA É UM REI,
ELE É IRMÃO DE EXU VELUDO.
(REPEAT)

QUANDO CHEGA EM SUA BANDA,
SARAVÁ,
QUEBRA DEMANDA
QUEBRA TUDO.
(REPEAT)

POMBA GIRA CHEGOU NO REINO,
POMBA GIRA NO REINO CHEGOU.
ELA VIU SEUS SETE HOMENS,
SÓ NÃO VIU SEU SETE ENCRUZAS.
ELA SACUDIU OS OMBROS,
ELA SE BALANCEOU,
VOLTOU PARA A ENCRUZILHADA,
SETE ENCRUZAS ELA BUSCOU.

SEU SETE CRUZES NO CRUZEIRO,
ESTÁ PRA NOS AJUDAR.
SEU MARAFO E SEU DENDÊ,
ELE GOSTA DE CUIDAR.

EXÚ SETE ENCRUZILHADA

AONDE MORA ENCRUZLHADA,
SEU SETE ENCRUZA JÁ CHEGOU.
(REPEAT)

FOI NA PORTEIRA DA KALUNGA,
EXÚ, ELE É EXÚ DE MARABÔ.
(REPEAT)

A BANANEIRA QUE EU PLANTEI
A MEIA-NOITE,
FOI OXALÁ QUEM MANDOU,
PARA SETE ENCRUZILHADA TRABALHAR,
E A CARIDADE NO MUNDO ELE PRESTAR.

MAS ELE É SETE ENCRUZILHADAS,
ELE É REI SIM SENHOR,
TRABALHA POR CARIDADE,
TRABALHA SÓ POR AMOR.
(REPEAT)

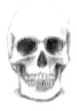

OUVI, AI OUVI,
EXÚ DAR SETE GARGALHADAS.
(REPEAT)

QUEM ERA ESSE EXÚ,
ERA SEU SETE ENCRUZILHADAS.
(REPEAT)

EXÚ SETE PEDRAS

SEU SETE PEDRAS,
LIVRA O CAMINHO QUE PASSO.
(REPEAT)

QUANDO ANDO COM SETE PEDRAS,
MEUS CAMINHOS NÃO TÊM EMBARAÇO.

EXÚ SETE POEIRAS

SOU PEQUENO DE ANGOLA,
PORÉM JÁ SEI ESCREVER.
SETE POEIRAS NA QUIMBANDA,
TAMBÉM JÁ SABE LER.
ELE É EXU, É UM CURADOR,
ELE É EXU, É UM VENCEDOR.
(REPEAT)

SE UMA BRASA ME QUEIMA,
MEU SANTO ANTÔNIO É MAIOR.
SARAVÁ SETE POEIRAS,
ELE GIRA NUM PÉ SÓ.
(REPEAT)

EXÚ SETE PORTEIRAS

NA ESTRADA TEM UM GANGA,
GANGA NÃO LEVA CARREIRA.
QUANDO A DEMANDA É GRANDE,
CHAMA POR SETE PORTEIRAS.
(REPEAT)

EXU NÃO É CRIANÇA,
NEM GOSTA DE BRINCADEIRA.
(REPEAT)

NÃO VAGUEIA PELAS RUAS,
TRABALHA NA ENCRUZILHADA,
SARAVÁ SETE PORTEIRAS.
(REPEAT)

EXÚ SETE SOMBRAS

*PASSEAVA PELAS RUAS,
VAGAVA PELAS TRONQUEIRAS.*
(REPEAT)

*CORAL PIOU NO MATO ALTO,
SARAVANDO SETE SOMBRAS,
MORADOR LÁ DA LIMEIRA.*
(REPEAT)

EXÚ TATÁ CAVEIRA

QUANDO VOU AO CEMITERIO,
PECO LICENÇA PRA ENTRAR
BATO COM O PÉ ESQUERDO
PRA DEPOIS EU SARAVÁ
EU SARAVO OMULÚ
E SEU CAVEIRA TAMBÉM
ASSIM FAÇO A OBRIGACAO
PARA OS FILHO DO ALÉM.

EXU PISA NO TOCO
EXU PISA NO GALHO,
GALHO BALANÇA EXU NÃO CAI,
Ó GANGA, É EXU,
EXU PISA NO TOCO
DE UM GALHO SÓ
É EXU, EXU PISA NO TOCO
DE UM GALHO SÓ
MARIMBONDO PEQUENINO,
BOTA FOGO NO PAIOL,
Ó GANGA. É EXU,
TATÁ CAVEIRA NO TOCO
DE UM GALHO SÓ.
(REPEAT)

UM POMBO PRETO VOOU DA MATA,
VOOU E POUSOU LÁ NA PEDREIRA.
(REPEAT)

ONDE OS EXUS SE REÚNEM,
MAS O REINO É DE TATÁ CAVEIRA.
(REPEAT)

EXÚ TIRIRI

EXU QUE É REI DE QUIMBANDA,
TEM SETE OBÉS DE OURO.
(REPEAT)
SARAVÁ SEU TIRIRI,
É MEU REI E MEU TESOURO.
(REPEAT)

QUANDO O GALO CANTA,
AS ALMAS SE LEVANTAM, E O MAR RECUA.
É QUANDO OS ANJOS DO CÉU DIZEM AMÉM,
E O POBRE LAVRADOR, DIZ ALELUIA.
VIVA A ALELUIA, VIVA A ALELUIA,
SEU TIRIRI, VIVA A ALELUIA.
VIVA A ALELUIA, VIVA A ALELUIA,
SEU TIRIRI, VIVA A ALELUIA.

DEU UMA VENTANIA, Ô GANDA,
NO ALTO DA SERRA.
(REPEAT)

ERA, REI TIRIRI, Ó GANGA,
QUE VEIO PARA A TERRA.
(REPEAT)

ELE SE CHAMA TIRIRI,
SE CRIOU EM NAZARÉ,
É FILHO DE UM XAVANTE,
NETO DE UM NAVEGANTE,
REI TIRIRI ELE É.
É UM REI É, É UM REI É,
É UM REI É, É UM REI É.

EXÚ TIRIRI LANÃ

EXÚ TIRIRI LANÃ, LANÃ CADÊ O TIRIRI,
MAIS ELE VEIO DE ARUANDA,
PRA SALVAR FILHOS DE UMBANDA,
EXÚ TIRIRI LANÃ.
(REPEAT)

OI JÁ BATEU A MEIA-NOITE,
QUERO VER QUEM VEM AÍ...
(REPEAT)

VAMOS FIRMAR NOSSA CORRENTE,
QUE AÍ VEM SEU TIRIRI.
(REPEAT)

BAILA QUE BAILA NA PORTEIRA,
ELE BATEU A MEIA-NOITE.
(REPEAT)

BEBE MARAFO QUE NEM ÁGUA,
QUEM É QUE VAI DIZER,
QUE O TIRIRI NÃO BEBEU NADA.
(REPEAT)

HOJE TEM FESTA LÁ NA PRAÇA,
LANAN COM SEU POVO CIGANO.
MAS ELE TOCA SEU LINDO VIOLINO,
PARA SAUDAR A CIGANA DO JARRO.
(REPEAT)

MAS ELE TOCA PARA SEU REI,
PARA SEU REI TIRIRI LANAN.
ALUPANDÊ À CIGANA DO JARRO!
ALUPANDÊ TIRIRI LANAN.
(REPEAT)

ESTAVA CURIANDO NA ENCRUZA,
QUANDO A BANDA LHE CHAMOU.
(REPEAT)
EXÚ NO TERREIRO É REI,
NA ENCRUZA ELE É DOUTOR.
(REPEAT)
EXÚ VENCE DEMANDA,
EXÚ É CURADOR.
(REPEAT)

*EXÚ TIRIRI, LONAN,
MORADOR DA ENCRUZILHADA,*
(REPEAT)

*TOMA CONTA, PRESTA CONTA,
NO ROMPER DA MADRUGADA.*
(REPEAT)

EXÚ TIRA TEIMA

EXU TIRA TEIMA É HOMEM NOBRE,
EXU TIRA TEIMA É HOMEM NOBRE,
EXU TIRA TEIMA É HOMEM NOBRE,
NA GIRA DA QUIMBANDA É HOMEM NOBRE.

GANGA É, LELÊ,
GANGA É, LELÁ.
(REPEAT)

GIRA COM GANGA É MALELÊ,
EXU TIRA TEIMA É MOJUBÁ.
(REPEAT)

EXÚ TOCO PRETO

UM DIA EU TÁVA NA PORTEIRA, EM PÉ,
UM DIA EU TÁVA NA PORTEIRA, EM PÉ,
ALI PASSOU SEU TOCO PRETO,
E BELISCOU MEU PÉ.
ELE É EXU TOCO PRETO,
É REI NA ENCRUZILHADA,
NA PORTEIRA ONDE ELE MORA,
TODO O EXU DÁ GARGALHADA.

EXU TOCO PRETO, O QUE É QUE MANDA?
EXU TOCO PRETO, O QUE É QUE QUER?
SEU CHARUTO E SUA CACHAÇA,
E, SE POSSÍVEL, UMA MULHER!

EXÚ TOQUINHO

*SEU TOQUINHO É BOM,
É MUITO BOM DE CORAÇÃO.*
(REPEAT)

*ELE SALVOU SEU PAI E MÃE,
PARA GANHAR A SALVAÇÃO.*
(REPEAT)

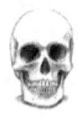

*EXU MATOU SEU GALO,
DIVIDIU EM PEDACINHOS.*
(REPEAT)

*DEPOIS DE REPARTIR,
SÓ FICOU COM UM BOCADINHO.*
(REPEAT)

*ELE É EXU,
MAS É MUITO BOM DE CORAÇÃO,
SEU TOQUINHO GOSTA DOS SEUS IRMÃOS.*
(REPEAT)

EXÚ TRANCA RUAS

TRANCA RUAS MATOU SEU GALO,
MAS NÁO QUIS COMER SOZINHO
CHAMOU SAUS CAMARADAS
E DIVIDIU EM PEDACINHOS,
LOGO CHEGOU, SEU LUCIFER
COM A POMBA GIRA QUE É EXÚ MUÑHER
(REPEAT)

SEU TRANCA RUAS,
ES UNA BELLEZA,
YO NUNCA VI UN EXÚ ASÍ
(REPEAT)
SEU TRANCA RUAS,
ES UNA BELLEZA, EL ES MADERA
QUE NOS DA ESCULPIR.

SE QUISER ME VER, MEIA NOITE EM PONTO,
NUMA ESCURIDÃO, DEBAIXO DO LAMPIÃO.
(REPEAT)

O MEU NOME É TRANCA RUA,
EM NOME DO MEU IRMÃO.
SE QUISER FAZER MACUMBA,
PÕE AQUI NA MINHA MÃO.
(REPEAT)

O SINO DA IGREJINHA,
FAZ BELÉM, BLÉM... BLÓM...
(REPEAT)

DEU MEIA-NOITE, O GALO JÁ CANTOU,
SEU TRANCA-RUAS QUE É O DONO DA GIRA,
OI CORRE GIRA QUE OGUM MANDOU.
(REPEAT)

SEU TRANCA-RUAS QUE É
O DONO DA GIRA,
SEGURA A GIRA QUE
OGUM MANDOU.
(REPEAT)

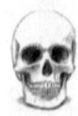

VOCÊS ESTÃO ESSE MOÇO,
QUE NO CRUZEIRO ESTÁ,
MAS PRESTE BASTANTE ATENÇÃO,
QUANDO POR ELE PASSAR,
OI REZE UMA GRANDE HOMENAGEM,
COM TODO O RESPEITO QUE HÁ,
POIS ELE É O EXÚ TRANCA RUA,
FILHO DAS ALMAS TAMBÉM,
CUIDADO GENTE,
NÃO VÃO SE ENGANAR,
POIS NOSSOS CAMINHOS,
ELE PODERÁ TRANCAR.
(REPEAT)

SOLTARAM UM POMBO LÁ NAS MATAS,
LÁ NA PEDREIRA NÃO POUSOU,
FOI POUSAR NA ENCRUZILHADA,
SEU TRANCA RUAS QUEM MANDOU.

ENA, ENA, MOJUBÁ Ê, É MOJUBÁ.
ENA, ENA, MOJUBÁ Ê, É MOJUBÁ.
(REPEAT)

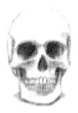

SEU TRANCA RUAS NASCEU,
PRA CUMPRIR SUA MISSÃO,
PELA SUA INELIGÊNCIA,
GANHOU LOGO SEU GALÃO,
ELE É EXU MUITO DELICADO,
MAS SE ENTRA EM DEMANDA,
ELE NÃO QUER SAIR MAIS NÃO.
(REPEAT)

COM SEU TERNO PRETO,
SUA BENGALA DE EMBIRA,
ELE É MUITO ELEGANTE,
SARAVÁ SEU TRANCA GIRA.
ELE VEM NA MADRUGADA,
COM SUA LINDA CARTOLA,
CHEGA E DÁ LOGO BOA NOITE,
MAS NÃO GOSTA DE QUEM LHE AMOLA.

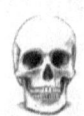

TÁVA DORMINDO,
QUANDO A BANDA ME CHAMOU.
(REPEAT)

SE LEVANTA, MINHA GENTE,
TRANCA GIRA JÁ CHEGHOU.
(REPEAT)

TRANCA, TRANCA, TRANCA,
TRANCA, TRANCA, TRANCA,
TRANCA, ELE VEM TRANCAR,
TRANCA GIRA, VAI CHEGAR.
(REPEAT)

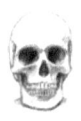

ESTAVA DORMIND
NA BEIRA DO MAR.
(REPEAT)

QUANDO AS ALMAS LHE
CHAMARAM PRA TRABALHAR.
(REPEAT)

ACORDA TRANCA-RUAS,
VAI VIGIAR.
(REPEAT)

O INIMIGO ESTÁ INVADINDO
A PORTEIRA DO CURRAL.
(REPEAT)

BOTA AS MÃOS NAS SUAS ARMAS,
VAI GUERREAR.
(REPEAT)

BOTA O INIMIGO PRA FORA,
NUNCA MAIS VOLTAR.
(REPEAT)

TRANCA-RUAS NO REINO,
AI MEU DEUS O QUE SERÁ.
(REPEAT)

BOTA A CHAVE NA PORTA,
TRANCA-RUAS VAI CHEGAR.
(REPEAT)

ELE VEM SALVAR A BANDA,
COM LICENÇA DE OXALÁ.
(REPEAT)

*MAS ELE É,
CAPITÃO DA ENCRUZILHADA,
ELE É,
MAS ELE É,
ORDENANÇA DE OGUM,
SUA COROA QUEM LHE
DEU FOI OXALÁ,
SUA DIVISA QUEM LHE
DEU FOI OMULÚ,
MAS ELE É...
SALVE O CRUZEIRO,
SALVE O SOL E SALVE A LUA,
SARAVÁ SEU TRANCA-RUAS,
QUE CORRE GIRA NO MEIO DA RUA.*
(REPEAT)

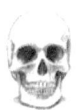

*ESTAVA DORMINDO,
QUANDO A UMBANDA LHE CHAMOU,
SE LEVANTA MINHA GENTE,
TRANCA-RUAS JÁ CHEGOU.*
(REPEAT)

*QUANDO A LUA SURGIR,
ELE VAI GIRAR, ELE VAI GIRAR,
CHEGOU SEU TRANCA-RUAS,
PARA TODO MAL LEVAR.*
(REPEAT)

T - *LAROIÊ!*
R - *EEE!...*
T - *SARAVÁ SEU TRANCA RUA!*
R - *EEE!...*
T - *LAROIÊ!*
R - *EEE!...*
T – *SEU TRANCA RUA É UMA BELEZA,
EU NUNCA VI UM EXÚ ASSIM...*
(REPEAT)
*SEU TRANCA RUA É UMA BELEZA,
ELE É MADEIRA QUE NÃO DÁ CUPIM.*
R - *SEU TRANCA RUA É UMA BELEZA,
EU NUNCA VI UM EXÚ ASSIM...*
(REPEAT)
*SEU TRANCA RUA É UMA BELEZA,
ELE É MADEIRA QUE NÃO DÁ CUPIM.*
(REPEAT)
T – *IÁ Á Á Á Á ...*

NA FÉ DE MEU PAI OGUM,
ELE VEM TRABALHAR.
(REPEAT)

MAS ELE É, MAS ELE É, MAS ELE É,
TRANCA-RUAS DAS ALMAS.
(REPEAT)

OI VIVA AS ALMAS,
OI, VIVA A COROA E A FÉ, OI,
VIVA EXÚ DAS ALMAS,
MAS ELE É TRANCA-RUAS IMBAIÉ,
OI, VIVA AS ALMAS!

EXÚ TRANCA RUAS DE EMBARÉ

*QUEM QUISER LHE VER,
SOBE EM CIMA DE UM BARRANCO, OI ZÉ.*
(REPEAT)

POIS O HOMEM É TRANCA RUA DE EMBARÉ.
(REPEAT)

LAMENTO A TRANCA-RUAS

OI QUE LINDO LUAR,
OI ! LUAR, OH ! LUAR,
MAS ELE É DONO DA RUA,
OH ! LUAR,
QUEM COMETEU OS SEUS PECADOS,
PEÇA PERDÃO AO TRANCA-RUAS !

E PELO SANGUE DERRAMADO,
OH ! LUAR,
EM CIMA DE UMA CATACUMBA,
OH ! LUAR,
QUEM COMETEU OS SEUS PECADOS,
PEÇA PERDÃO AO TRANCA-RUAS!

MAS ELE É FILHO DO SOL,
E TAMBÉM É NETO DA LUA,
QUEM COMETEU OS SEUS PECADOS,
PEÇA PERDÃO AO TRANCA-RUAS!

EXÚ TRANCA TUDO

*ELE É EXU FORMOSO,
SUA CAPA É DE VELUDO.*
(REPEAT)

*É, É, É, POVO DE GANGA,
VAI CHEGAR SEU TRANCA TUDO.*

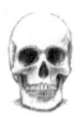

*TRANCOU, TRANCOU, ELE VEM TRANCAR,
TRANCOU, TRANCOU, ELE VEM TRABALHAR.
SUA QUIMBANDA É MUITO FORTE,
MAS SEU PONTO É MIÚDO,
ELE SABE SEMPRE QUEM O FAZ,
SARAVÁ SEU TRANCA TUDO.*
(REPEAT)

EXÚ TRONQUEIRA

SEGURA, FILHOS DA BANDA,
QUIMBANDA VAI COMEÇAR.
(REPEAT)

OGÃ SEGURA CANTIGA,
PAI DE SANTO SEGURA O GONGÁ,
BATEDOR SEGURA O ATABAQUE,
SEU TRONQUEIRA VAI CHEGAR E SARAVAR.
(REPEAT)

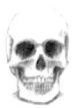

EXU É, É, É,
EXU Á, Á, Á,
EXU É O LEGBÁRA,
SEM TRONQUEIRA É QUÁ, QUÁ, QUÁ.

EXÚ VELUDO

EXÚ DA MEIA-NOITE,
EXÚ DA ENCRUZILHADA,
NO TERREIRO DE UMBANDA,
SEM EXÚ NÃO SE FAZ NADA.
COMIGO NINGUÉM PODE,
MAS EU POSSO COM TUDO,
NA MINHA ENCRUZILHADA,
EU SOU EXÚ VELUDO.
(REPEAT)

AUÊ EXÚ VELUDO,
SEU CABRITO DEU UM BERRO.
(REPEAT)

REBENTOU CERCA DE ARAME,
ESTOUROU PORTÃO DE FERRO.

EXU PODE COM FOGO,
ELE PODE COM TUDO,
SARAVÁ EXU VELUDO.
QUEM DEMANDA COMIGO,
NÃO CHOVE MIÚDO,
SARAVÁ EXU VELUDO.

AUÊ, VELUDO, SEU CABRITO DEU UM BERRO.
(REPEAT)
REBENTOU CERCA DE ARAME,
ESTOUROU PORTÃO DE FERRO.
(REPEAT)

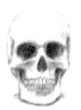

DESCARREGA, SEU VELUDO,
LEVA O QUE TEM PRA LEVAR.
(REPEAT)

COM SUA FORÇA BENDITA,
LEVA O MAL PARA O FUNDO DO MAR.
(REPEAT)

DEU MEIA-NOITE,
QUANDO O MALVADO CHEGOU.
DEU MEIA-NOITE,
QUANDO O MALVADO CHEGOU.
ERA EXU VELUDO,
DIZENDO QUE ERA DOUTOR.
ERA EXU VELUDO,
DIZENDO QUE ERA DOUTOR.
MAS ELE É EXU,
DIZENDO QUE É DOUTOR,
MAS ELE É EXU,
IRMÃO DO SEU MARABÔ.
(REPEAT)

EXÚ VIRA MUNDO

EXU NÃO VEM NO CLARÃO DO SOL,
ELE VEM NO CLARÃO DA LUA.
(REPEAT)
SARAVÁ EXU VIRA MUNDO,
ELE É REI NA MADRUGADA,
JUNTO COM SEU TRANCA RUAS.
(REPEAT)

A VOLTA QUE O MUNDO DÁ...
(REPEAT)
AUÊ, AUÊ, SEU VIRA MUNDO,
OLHA A VOLTA QUE O MUNDO DÁ.
(REPEAT)

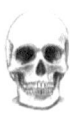

AUÊ, AUÊ, AUÊ,
VIRA MUNDO VAI CHEGAR,
AUÊ, AUÊ, AUÊ,
VAI CHEGAR PRA TRABALHAR.
(REPEAT)

CALLING ZÉ PILINTRA

SARAVÁ SEU ZÉ PILINTRA,
MOÇO DO CHAPÉU VIRADO,
NA DIREITA ELE É MANEIRO,
NA ESQUERDA ELE É PESADO.
(REPEAT)

CUIDADO MEU CAMARADA,
NÃO META A MÃO EM CAMBUCA,
QUEM MEXER COM ZÉ PILINTRA,
VAI FICAR LÉLÉ DA CUCA.
(REPEAT)

SOU FILHO DE ZÉ PILINTRA,
TENHO QUE ME ORGULHAR,
PRA ME LIVRAR DE MANDINGA.
CARREGO O MEU PATUÁ.
(REPEAT)

ZÉ PILINTRA

T - *DIM, DIM, DIM, DIM, DIM, ... (REPEAT)*
RISCA PONTO!
R - *DIM, DIM, DIM, DIM, DIM, ... (REPEAT)*
T – *FIRMA PONTO!*
R - *DIM, DIM, DIM, DIM, DIM, ...*
(REPEAT)
T - *PULANDO CRUZADO,*
PRO MEIO DO TERREIRO CHEGOU,
OGUM DA BAHIA,
DO CONGO E DA LEI DE NAGÔ.
(REPEAT)
CHEGOU ZÉ PILINTRA
QUE VEIO DO LADO DE LÁ,
FUMANDO E BEBENDO E
GRITANDO VAMOS SARAVÁ.
(REPEAT)
R - *SARAVÁ OOO SARAVÁ!...*
(REPEAT)
SARAVÁ OOO SARAVÁ!...
(REPEAT)
T- *EU VIREI O PONTO PARA*
SARAVÁ LUCIFER,
MARIA PADILHA RAINH
DO CANDOMBLÉ.
(REPEAT)

R - *CANDOMBLÉ OOO, CANDOMBÉ!*
(REPEAT)
CANDOMBLÉ OOO, CANDOMBÉ!
(REPEAT)

ESTÁ VENDO AQUELE MOÇO,
SENTADO LOGO ALI,
TODO DE TERNINHO BRANCO,
CHAPÉU DE PALHA, OLHANDO PRA MIM.
(REPEAT)

É ZÉ PILINTRA É, ELE É O ZÉ,
ELE É MALANDRO,
ELE É BOÊMIO, ELE É O ZÉ.
(REPEAT)

AQUELA CASA DE POMBO,
AQUELA CASA DE POMBO,
SÓ DÁ PRA DOIS MORAR...
AQUELA CASA DE POMBO,
AQUELA CASA DE POMBO,
É DO MEU POVO GIRAR...

EU E VOCÊ!...
VOCÊ E EU!...
(REPEAT)
SE EU TE MAGOEI!...
FOI SEM QUERER!...
(REPEAT)

ZÉ PILINTRA NO CATIMBÓ,
É TRATADO DE DOUTOR.
(REPEAT)
QUANDO ABRE A SUA MESA,
TEM FAMA DE REZADOR.

COM SEU CHAPÉU DE PALHA,
E SEU LENÇO NO PESCOÇO.
ZÉ PILINTRA ESTÁ NA TERRA,
PRA DIZER: BOA NOITE MOÇO.
MORADOR LÁ DO SERTÃO,
TRAZ SUA FIGA NO PÉ,
SE NÃO ESTÁ ABORRECIDO,
LOUVA JESUS DE NAZARÉ.

EU ENCONTREI,
ZÉ PELINTRA NA ESTRADA,
CHORAVA PELO AMOR DE SUA AMADA,
ELE CHORAVA, POR UMA MULHER,
CHORAVA POR UMA MULHER,
OI CHORAVA POR UMA MULHER,
QUE NÃO LHE AMAVA.
(REPEAT)

JUREMA, JUREMINHA, JUREMEIRA,
JUREMA, JUREMINHA, JUREMEIRA,
SARAVÁ SEU ZÉ PILINTRA,
SALVE A FOLHA DA GAMELEIRA.
(REPEAT)

FAREWELL TO ZÉ PILINTRA

OI ZÉ ! QUANDO VEM DE ALAGOAS,
TOMA CUIDADO COM
O BALANÇO DA CANOA...
OI ZÉ !
FAÇA TUDO O QUE QUISER,
SÓ NÃO MALTRATE
O CORAÇÃO DESSA MULHER...
(REPEAT)

CURIMBAS FOR POMBA GIRA

The next pages contain sung invocations (Pontos Cantados/ Curimbas) for some of the most popular Pomba Giras of Quimbanda and Umbanda

POMBA GIRA/TRANCA-RUAS/MARABÔ

SANTO ANTÔNIO DE BATALHA,
FAZ DE MIM UM TRABALHADOR.
(REPEAT)

CORRE GIRA TRANCA-RUAS,
POMBA GIRA E MARABÔ, EXÚ.
(REPEAT)

POMBA GIRA/TRANCA-RUAS

DEIXA A MORENINHA PASSEAR,
DEIXA A MORENINHA PASSEAR,
OI, DEIXA A MORENINHA PASSEAR,
SEU TRANCA-RUAS,
DEIXA A MORENINHA PASSEAR.

POMBA GIRA

LÁ NA ATALAIÁ, DE POMBA GIRA,
DE POMBA GIRE, PARA QUEM NÃO CAIA.
(REPEAT)

POMBA GIRE, POMBA GIRÁ, POMBA GIRE,
PARA QUE NÃO CAIA.
(REPEAT)

POMBA GIRA,
SE TU ÉS UMA ROSA,
QUE FLORESCEU,
SOB UM MANTO DE ESPINHO...
(REPEAT)

AI POMBA GIRA, SE TU ÉS UMA ROSA,
SE TU ÉS UMA ROSA, POMBA GIRA,
ABRE OS MEUS CAMINHOS.
(REPEAT)

POMBA GIRA...

AUÊ, AUÊ, AUÊ,
POMBA GIRA É DE MACEIÓ.
(REPEAT)
AONDE MORA POMBA GIRA,
ELA MORA EM MACEIÓ.
(REPEAT)

SE A SUA COROA É DE FERRO,
A SUA CAPA É ENCARNADA.
(REPEAT)
SARAVÁ EXÚ POMBA GIRA,
RAINHA DAS SETE ENCRUZILHADAS.
(REPEAT)

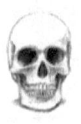

POR AQUELA ESTRADA,
VEM UMA MOÇA BONITA.
(REPEAT)

ELA VEM GIRANDO,
COM SEU VESTIDO DE CHITA.
(REPEAT)
E OLHA POMBA GIRÊ, POMBA GIRÁ,
E OLHA A POMBA A GIRA.
(REPEAT)

JURARAM DE LHE MATAR,
NA PORTA DE UM CABARÉ.
(REPEAT)

MAS ANDA DE NOITE E DE DIA,
NÃO MATA PORQUE NÃO QUER.
(REPEAT)

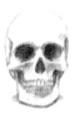

VESTIDINHA DE CHITA,
SAIA CHEIA DE NÓ.
(REPEAT)
OLHA AÍ POMBA-GIRA,
OLHA AÍ POMBA-GIRA.
POMBA GIRÊ

OLHA POMBA GIRÊ,
SOU EU, SOU EU,...
OLHA POMBA GIRÁ,
SOU EU, SOU EU,...
OLHA POMBA GIRÊ,
SOU EU, SOU EU,...
GIRO, GIRO NO MAR.
ELA VAI, ELA VEM,
ELA VAI GIRAR,
ELA VAI, ELA VEM,
ELA VAI GIRAR.
(REPEAT)

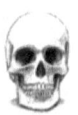

IANSÃ QUE LHE DEU FORÇA,
É RAINHA NO CANDOMBLÉ.
(REPEAT)
VAMOS SARAVÁ A RAINHA,
POMBA-GIRA EXU MULHER.
(REPEAT)

POMBA-GIRA DÁ QUERÊ,
POMBA-GIRA DÁ QUERÁ,
POMBA-GIRA DA ENCRUZA,
É DE QUARÁ QUÁ QUÁ.

AÊ, POMBA-GIRA,
CADÊ SUA SAIA RODADA?
(REPEAT)
CADÊ SUA SAIA LINDA,
RAINHA DE ENCRUZILHADA?

AÊ, POMBA-GIRÊ, POMBA-GIRÁ,
AÊ, POMBA-GIRÊ, POMBA-GIRÁ,
AÊ, POMBA-GIRÊ, POMBA-GIRÁ,
POMBA-GIRA CARREGA MANDINGA,
PRO FUNDO DO MAR.

POMBA-GIRA DA KALUNGA

*DENTRO DA KALUNGA EU VI,
UMA LINDA MULHER GARGALHAR.*
(REPEAT)

*ERA POMBA-GIRA DA KALUNGA,
QUE COMEÇA A TRABALHAR.*
(REPEAT)

NÃO É MULHER DE NINGUÉM.
(REPEAT)

*QUANDO ENTRA NA DEMANDA,
SÓ VAI POR SETE VINTÉNS*
(REPEAT)

POMBA-GIRA DA PRAIA

A MAROLA DO MAR JÁ VEM ROLANDO...
POMBA-GIRA DA PRAIA JÁ DEU SUA RISADA.
ELA É MULHER BONITA, MUITO FORMOSA,
TRABALHANDO NA AREIA OU NA ENCRUZILHADA.

KERERÊ KERERÊ,
POMBA-GIRA DA PRAIA É KERERÊ.
KERERÊ, KERERÁ,
SUA GIRA É FORMOSA, OI SARAVÁ.

QUEM QUISER VÁ VER,
QUEM NÃO CRÊ QUE VÁ OLHAR.
POMBA-GIRA DA PRAIA, MEU SINHÔ,
VEM NAS ONDAS DO MAR,
VEM NAS ONDAS DO MAR.

POMBA-GIRA DAS ALMAS

*TALÁ, TALÁIA, DE POMBA-GIRA,
POMBA-GIRÊ PARA QUE EU NÃO CAIA.
TALÁ, TALÁIA, DE POMBA-GIRA,
POMBA-GIRÊ PARA QUE EU NÃO CAIA.*

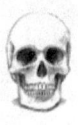

*POMBA-GIRA DAS ALMAS,
VEM TOMÁ CHÔ CHÔ.
POMBA-GIRA DAS ALMAS,
VEM TOMÁ CHÔ CHÔ.
VENCEDORA DE DEMANDAS,
VEM TOMÁ CHÔ CHÔ.
VENCEDORA DE DEMANDAS,
VEM TOMÁ CHÔ CHÔ.*

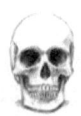

*MINHA SENHORA DAS ALMAS,
ATIRA E NÃO ERRA A MIRA.
(REPEAT)
ELA É MINHA PROTETORA,
SARAVÁ SÁ POMBA-GIRA.*

POMBA GIRA
DAS SETE ENCRUZILHADAS

ROSA VERMELHA,
ROSA VERMELHA SAGRADA,
É A POMBA GIRA,
DAS SETE ENCRUZILHADAS,
(REPEAT)

QUANDO ELA VEM,
GIRANDO, DANÇANDO
E DANDO RISADA,
CUIDADO AMIGO,
QUE ELA ESTÁ,
DE SAIA RODADA,
(REPEAT)

OI EXÚ É POMBA GIRA,
DAS SETE ENCRUZILHADAS,
(REPEAT)

POMBA-GIRA DE MACEIÓ

AUÊ AUÊ AUÊ...
A POMBA-GIRA É DE MACEIÓ.
(REPEAT)

AONDE MORA A POMBA-GIRA?
POMBA-GIRA É DE MACEIÓ.
(REPEAT)

POMBA GIRA DO FORNO

O SINO BATEU,
LÁ NA KALUNGA TREMEU...
(REPEAT)

MAS QUEM ERA ELA...
MAS QUEM ERA ELA...
POMBA GIRA DO FORNO APARECEU.
(REPEAT)

POMBA GIRA MARIA MULAMBO

SE O TEU PÓ É REAL,
SE O TEU PÓ É REAL,
MULAMBO É A POMBA GIRA,
QUE CARREGA UMA VASSOURA,
(REPEAT)

VEM DA KALUNGA VEM,
VEM DA KALUNGA VEM,
MARIA MULAMBO,
QUE CARREGA UMA VASSOURA.
(REPEAT)

Ó QUE LINDA CRIATURA,
QUE EU POR ELA, FAÇO LOUCURA,
OI BELA FLOR DA AURORA,
OI LINDA COMO O LUAR,
MAS EU DARIA TUDO PARA VER,
MARIA PADILHA NESSA HORA.
(REPEAT)

SE O TEU PÓ É REAL,
SE O TEU PÓ É REAL,
MOLAMBO É A POMBA GIRA,
QUE CARREGA UMA VASSOURA.
(REPEAT)

VEM DA KALUNGA VEM,
VEM DA KALUNGA VEM,
MARIA MOLAMBO,
QUE CARREGA UMA VASSOURA.

MAS QUE CAMINHO TÃO ESCURO,
QUE VAI PASSANDO AQUELA MOÇA.
(REPEAT)

COM SEUS FARRAPOS DE CHITA,
ESTALANDO OSSO, POR OSSO.
(REPEAT)

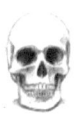

OLHA MINHA GENTE,
ELA É FARRAPO SÓ.
(REPEAT)

POMBA-GIRA MARIA MOLAMBO,
É DE CORÓ, CÓ CÓ.
(REPEAT)

MARIA MOLAMBO TRAZ,
LINDA SAIA COM SETE GUIZOS.
(REPEAT)
QUANDO RODA NOS TERREIROS,
TRABALHANDO NAS DEMANDAS,
MOSTRA QUE TEM MUITO JUÍZO.

MARIA MULAMBO,
VOCÊ NÃO É BRINCADEIRA.
MARIA MULAMBO,
VOCÊ MORA NA LADEIRA.
(REPEAT)
A CAPA ENCARNADA,
QUE EU MANDEI FAZER,
NÃO É PARA O EXÚ,
É PRA MARIA MOLAMBÉ.
(REPEAT)
OLHA MINHA GENTE,
ELA É FARRAPO SÓ!...
(REPEAT)

È POMBA GIRA MARIA MOLAMBO,
ELA É FARRAPO SÓ!...
(REPEAT)

MAS QUE CAMINHO TÃO ESCURO,
QUE CAMINHO TÃO ESCURO,
QUE PASSA AQUELA MOÇA,
COM SUA SAIA DE CHITA,
ESTRALANDO OSSO,
SÓ OSSO, SÓ OSSO,...
MAS OLHA MINHA GENTE...

QUEM MORA NA PORTA DA LOMBA,
É A POMBA GIRA MOLAMBÊ,
EXÚ QUE MORA NA PORTA DA LOMBA,
É POMBA GIRA MOLAMBÊ...

PEÇO LICENÇA EXÚ OLODÊ!...
VIEMOS COROAR POMBA GIRA MOLAMBÊ.

MOLAMBO FOI VOCÊ QUEM FALOU,
FOI VOCÊ QUEM FALOU,
QUE GOSTAVA DE MIM.
MARIA MOLAMBO,
FOI VOCÊ QUEM FALOU,
FOI VOCÊ QUEM FALOU,
QUE GOSTAVA DE MIM.
(REPEAT)

MARIA MOLAMBO QUANDO
VOCÊ FOR EMBORA,
QUANDO VOCÊ FOR EMBORA!
DEIXE UMA ROSA PRA MIM.
(REPEAT)

POMBA GIRA
MARIA MULAMBO DA FIGUEIRA

*MARIA MULAMBO EMBAIXO
DE UMA FIGUEIRA,
ELA SAMBAVA EM CIMA
DE UMA FOGUEIRA.*
(REPEAT)

*MARIA MULAMBO DEU UMA
FORTE GARGALHADA,
E ESPEROU SEU TRANCA RUA,
NA PRIMEIRA ENCRUZILHADA.*
(REPEAT)

POMBA GIRA MARIA MULAMBO & MARIA PADILHA

É NO ESPELHO,
QUE EU VEJO A MINHA DOR,
É NOS SEUS OLHOS,
QUE REFLETEM MAL DE AMOR.
(REPEAT)
TIRA O TEU SORRISO DO CAMINHO,
QUE EU QUERO PASSAR,
COM A MINHA DOR,
SE ONTEM EM TUA VIDA,
EU FUI O ESPINHO,
O ESPINHO NÃO MACHUCA A FLOR,
EU SÓ ERREI,
QUANDO JUNTEI MINHA ALMA A TUA,
O SOL NÃO PODE VIVER,
PERTO DA LUA.
MAS SE ONTEM, FOI O ONTEM,
O AMANHÃ SERÁ DEPOIS,
ENTÃO AQUI EU VOLTAREI,
PARA O QUE RESTA DE NÓS DOIS.
(REPEAT)
EU VOLTO AO JARDIM,
NA ESPERANÇA DE VÊ-LA FELIZ,
EU FALO COM AS ROSAS,
MAS AS ROSAS NÃO FALAM,
SIMPLESMENTE EXALAM,
O PERFUME DO AMOR.

MAS SE ONTEM, FOI O ONTEM,
O AMANHÃ SERÁ DEPOIS,
ENTÃO AQUI EU VOLTAREI,
PARA O QUE RESTA DE NÓS DOIS.
(REPEAT)

O SEU OLHAR É SERENO,
O SEU OLHAR ME FASCINA,
(REPEAT)
MAS ELA VEM GIRANDO,
NA LINHA DAS ALMAS,
É MARIA PADILHA.
(REPEAT)
É SÓ TOCO TAMBOR,
É SÓ QUANDO EU CANTO P'RA ELA.
(REPEAT)
MAS ELA VEM GIRANDO,
NA LINHA DAS ALMAS,
É MARIA PADILHA.
(REPEAT)

MARIA MOLAMBO, MARIA MULHER,
MARIA PADILHA, RAINHA DO CANDOMBLÉ.
(REPEAT)

FOI UMA ROSA,
QUE EU PLANTEI NA ENCRUZILHADA,
FOI UMA ROSA,
QUE EU PLANTEI NO MEU JARDIM,
MARIA MOLAMBO,
MARIA MULHER,
MARIA PADILHA,
RAINHA DO CANDOMBLÉ.
(REPEAT)

POMBA GIRA MARIA PADILHA

QUANDO A LUA SAIR,
QUANDO A LUA SAIR Ó, Ó...
E O CRUZEIRO ILUMINAR,
A MAIS BELA DAS GIRAS,
A PADILHA VAI GIRAR !...
(REPEAT)

MAS ELA É A MARIA PADILHA,
MULHER DA MÁFIA DE LUCIFÉR,
MAS ELA BRILHA NA NOITE ESCURA,
O SEU FEITIÇO ESTÁ NA PONTA DO SEU GARFO,
ESTÁ DEBAIXO DO SEU PÉ.
(REPEAT)
ME CHAMAM DE LEVIANA,
OU ATÉ MESMO MULHER DE CABARÉ,
MAS A LÍNGUA DO POVO NÃO TEM OSSO,
ENTÃO DEIXA ESSE POVO FALAR.
(REPEAT)
OLHA SÓ COMO EU TOCO TAMBOR,
OLHA SÓ COMO EU TOCO PRA ELA...
OLHA SÓ COMO EU TOCO TAMBOR,
OLHA SÓ COMO EU TOCO PRA ELA...

MAS ELA VEM GIRANDO,
NA LINHA DAS ALMAS,
É MARIA PADILHA.
(REPEAT)

TOCO QUE TOCO TAMBOR,
TOCO QUE TOCO PRA ELA...
TOCO QUE TOCO TAMBOR,
TOCO QUE TOCO PRA ELA...
O SEU OLHAR É SERENO,
O SEU OLHAR ME FASCINA!...
O SEU OLHAR É SERENO,
O SEU OLHAR ME FASCINA!...
OLHA SÓ COMO EU TOCO TAMBOR,
OLHA SÓ COMO EU TOCO PRA ELA...
OLHA SÓ COMO EU TOCO TAMBOR,
OLHA SÓ COMO EU TOCO PRA ELA...

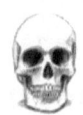

ABRE ESSA COVA,
QUERO VER TREMER,
NO SEU FEITIÇO,
QUERO VER QUEM VAI MEXER.
(REPEAT)
MARIA PADILHA DAS ALMAS,
O CEMITÉRIO É O TEU LUGAR,

É NO BURACO QUE A PADILHA MORA,
É NO BURACO QUE A PADILHA VAI FICAR.
(REPEAT)
ABRE ESSA COVA,
QUERO VER TREMER,
NO SEU FEITIÇO,
QUERO VER QUEM VAI MEXER.
(REPEAT)

MARIA PADILHA,
RAINHA DO CANDOMBLÉ.
FIRMA CURIMBA,
QUE TÁ CHEGANDO MULHER.
MARIA PADILHA,
TRAZ LINDA FIGA DE OURO.
(REPEAT)

OI SARAVÁ RAINHA LINDA DA QUIMBANDA,
SUA PROTEÇÃO É UM TESOURO.
(REPEAT)

DE ONDE É QUE MARIA PADILHA VEM...
AONDE É QUE MARIA PADILHA MORA.
(REPEAT)
ELA MORA NA MINA DE OURO,
ONDE O GALO PRETO CANTA,
ONDE CRIANÇA NÃO CHORA.

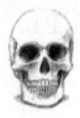

ELA É MARIA PADILHA,
DE SANDALINHA DE PAU.
ELA TRABALHA PRO BEM,
MAS TAMBÉM TRABALHA PRO MAL.
(REPEAT)

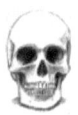

AÍ VEM MARIA PADILHA,
DE TAMANQUINHO DE PAU,
ELE VEM FAZER O BEM,
E TAMBÉM FAZER O MAL.
LÁ ATRÁS DAQUELE MORRO,
PASSA BOI, PASSA BOIADA,
TAMBÉM PASSA MARIA PADILHA,
RAINHA DA ENCRUZILHADA.

POMBA GIRA
MARIA PADILHA DAS ALMAS

SE VOCÊ QUER PATUÁ,
E QUISER GANHAR,
VÁ FALANDO COM A MULHER,
QUE ELA VAI LHE AJUDAR,
(REPEAT)
ALUBANDÊ PRA MARIA PASSAR,
OI ABRE A RODA,
QUE A PADILHA VAI GIRAR.
(REPEAT)
ABRE ESSA COVA,
QUERO VER TREMER,
ABRE ESSA COVA,
QUERO VER BALANCEAR.
(REPEAT)
OI MARIA PADILHA DAS ALMAS
O CEMITÉRIO É O SEU LUGAR,
É NO CRUZEIRO QUE A RAINHA MORA,
É LÁ NA LOMBA QUE A PADILHA VAI GIRAR.
(REPEAT)
OI ABRE ESSA COVA, QUERO VER TREMER,
ABRE ESSA COVA, QUERO VER BALANCEAR.
(REPEAT)

AQUELA CASA DE POMBO,
AQUELA CASA DE POMBO...

SÓ DÁ PRA DOIS MORAR!...
AQUELA CASA DE POMBO,
AQUELA CASA DE POMBO...
É DO MEU GIRAR!...
(REPEAT)
EU E VOCÊ, VOCÊ E EU!
EU E VOCÊ, VOCÊ E EU!
SE EU TE MAGOEI...
FOI SEM QUERER!
SE EU TE MAGOEI...
FOI SEM QUERER!

POMBA GIRA MARIA QUITÉRIA

QUANDO EU BATO PALMAS,
SARAVÁ ENCRUZILHADA.
(REPEAT)

SARAVÁ EXU MULHER,
SARAVÁ MARIA QUITÉRIA,
RAINHA DA MADRUGADA.
(REPEAT)

EXISTE UM EXU MULHER,
QUE NÃO PASSEIA A TOA;
QUANDO PASSA PELA ENCRUZA,
MARIA QUITÉRIA NÃO VACILA,
ELA NÃO FAZ COISA BOA.

ALI VEM SÁ MARIA QUITÉRIA,
TRAZENDO UM AXÉ NO PÉ;
BALANÇANDO SUA SAIA,
REFORÇANDO A NOSSA FÉ.

POMBA-GIRA MENINA

OLHA QUE MENINA LINDA,
OLHA QUE MENINA BELA,
É POMBA-GIRA MENINA,
ME CHAMANDO DA JANELA.
(REPEAT)

GIRA MENINA, GIRA,
GIRA QUE EU QUERO VER...
GIRA LINDA MENINA,
QUE O EXU NÃO TEM QUERER.
(REPEAT)

ELA É UMA BELEZA,
É POMBA-GIRA MENINA.
(REPEAT)

NA DEMANDA NÃO BAMBEIA,
SUA MORADA É NA ESQUINA.
(REPEAT)

POMBA GIRA MORENA DA PRAIA

FOI DE TANTO LAMENTAR,
QUE SEU LAMENTO ECOOU!
(REPEAT)

FOI NO CANTO DO MARUJO,
QUE A MORENA DA PRAIA SE ENCANTOU!...
(REPEAT)

ELE FOI PRO MAR!...
ELE FOI NAVEGAR!...
(REPEAT)

ESPERA MORENA ESPERA,
QUE TEU HOMEM VAI VOLTAR!...
(REPEAT)

POMBA GIRA RAINHA

*A RAINHA CHEGOU NO REINO,
NO REINO A RAINHA CHEGOU.
(REPEAT)
ELA VEM LÁ DO CRUZEIRO,
FOI SEU SETE QUEM MANDOU.
(REPEAT)
ELA SACUDIU OS OMBROS,
ELA SE BALANCEOU.
(REPEAT)
ELA VEM LÁ DO CRUZEIRO,
FOI SEU SETE QUEM MANDOU.*

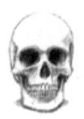

*VOCÊ SABE QUEM SOU EU!...
VOCÊ SABE QUEM SOU EU!...
EU GIRO À MEIA-NOITE,
EU GIRO AO MEIO-DIA,
EU GIRO A QUALQUER HORA.
VOCÊ SABE QUEM SOU EU!...
VOCÊ SABE QUEM SOU EU!...
EU SOU EXÚ MULHER.*

NÃO É A TOA QUE EU TENHO UM TRONO,
NÃO É A TOA QUE EU TENHO UMA COROA.
(REPEAT)
EU AGRADEÇO AO SENHOR DAS ALTURAS,
SOU POMBA GIRA A RAINHA DAS RUAS.
(REPEAT)

MEU SINHÔ, MEU SINHÔZINHO,
GARGALHARAM NA ENCRUZILHADA.
(REPEAT)
ERA POMBA-GIRA RAINHA, SINHÔ,
QUE REINAVA NA MADRUGADA.
(REPEAT)

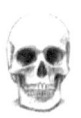

QUEIRAM BEM A EXU,
QUEIRAM BEM A EXU, GENTE.
(REPEAT)

EU QUERO BEM A DONA RAINHA,
QUEIRAM BEM A EXU, GENTE.

ELA ESTÁ NO REINO,
AUÊ, ELA VEM SARAVÁ, AUÁ,
POMBA-GIRA RAINHA,
AUÊ, É RAINHA DO MAL, AUÁ.

AUÊ, POMBA-GIRA RAINHA,
COMANDANDO A MADRUGADA.
(REPEAT)

QUANDO CHEGA NAS ENCRUZAS,
DÁ LOGO SUA GARGALHADA.
(REPEAT)

POMBA-GIRA RAINHA DO CRUZEIRO

O SEU MANTO É DE VELUDO,
REBORDADO TODO EM OURO.
O SEU GARFO É DE PRATA,
MUITO GRANDE É SEU TESOURO.

LÁ NO CRUZEIRO DA KALUNGA,
EU VI UMA FAROFA AMARELA.
(REPEAT)

QUEM NÃO ACREDITA
EM POMBA-GIRA DO CRUZEIRO,
É MUITO BOM NÃO MEXER NELA.
(REPEAT)

CURIMBAS FOR THE DIVISION OF GYPSY SPIRITS

The following Pontos Cantados (sung invocations) belong to the
division of the Gypsies of Umbanda
which crosses over to Quimbanda

ALL THE CIGANOS

HARRIBÁ! HARRIBÁ!
MEU POVO CIGANO.
(REPEAT)

COM SUAS CARRUAGENS A PASSEAR,
ELES VÃO PELA ESTRADA A FORA,
VÃO CANTAROLANDO,
PARA O TEMPO PASSAR,
MAS A ESTRADA É LONGA,
ATÉ SEU DESTINO ACHAR.
MEU POVO,
MEU POVO CIGANO.

QUANDO ACAMPAM PARA DESCANSAR,
FAZENDO SUAS FOGUEIRAS,
PARA TRABALHAR...
HARRIBÁ!

HARRIBÁ! HARRIBÁ!
MEU POVO CIGANO...

SALVE O SOL,
SALVE A LUA,
SALVE O FOGO,
SALVE OS VENTOS,
SALVE OS CAMINHOS ABERTOS.
SALVE AS PRADARIAS,
SALVE AS CAMPHINAS,
SALVE AS ESTRELAS.

AMOR CIGANO

*MAS VEJAM SÓ,
MAS SEJAM SÓ,
QUE MARAVILHA É AQUELA,
AO SOM DO SEU VIOLINO A TOCAR,
É UM CIGANO,
QUE VEM TRABALHAR!...
É UM CIGANO VALENTE,
É UM CIGANO GUERREIRO,
QUE VEM NOS AJUDAR.
(REPEAT)*

*TRANSMITINDO PAZ,
ALEGRIA E AMOR,
VOCÊ ME FASCINA,
VOCÊ ME IRRADIA,
ÉS O CIGANO DO AMOR...
AO SOM DO SEU VIOLINO A TOCAR,
VEM TIRAR TODA A MALDADE,
TODA FEITIÇARIA QUE TEM NESTE LUGAR,
A LUA BRILHA, A LUA BRILHA,
SUA ESTRELA RELUZ,
SANTA SHARA KALIU É QUEM LHE CONDUZ.*

BARRACA VELHA

EU GANHEI UMA BARRACA VELHA,
FOI A CIGANA QUEM ME DEU,
EU JUREI O MEU AMOR POR ELA,
MAS ELA NÃO CORRESPONDEU.
MAS O QUE É MEU É DELA,
E O QUE É DELA NÃO É MEU !...
MAS O QUE É MEU É DELA,
E O QUE É DELA NÃO É MEU !...
(REPEAT)

CABANA FLORESTAL

NUMA CABANA FLORESTAL,
APARECEU UMA LINDA CIGANA,...
(REPEAT)

VESTIDA TODA DE OURO,
ESPERANDO SEU AMOR CHEGAR,
E DE REPENTE,
UM CIGANO SURGIA,
COM SEU VIOLINO NA MÃO,
TOCANDO SEM PARAR,
E DEU INÍCIO PARA A FESTA COMEÇAR,
E A CIGANA SORRIA,
COM O QUE ELE DIZIA,
PARA O SEU CORAÇÃO,
ÉS A LUZ DA MINHA VIDA,
A ESTRELA QUE ILUMINA,
O MEU VIVER,
CIGANA !...
BAILA COMIGO FAZ A RODA,
COM SEU PANDEIRO E AS CASTANHOLAS,
E EU CANTO PRA VOCÊ.
(REPEAT)

FLORES E PERFUMES
- FLOWERS AND PERFUME -

AMIGOS JOGUEM FLORES E PERFUMES,
JOGUEM FLORES E PERFUMES,
QUE A CIGANA ESTÁ EM FESTA!...
(REPEAT)

OOO OOO POVO CIGANO!
OOO OOO POVO CIGANO!

AMIGOS....

LINDA CIGANA

VEM LINDA CIGANA,
TRAZ SETE ROSAS VERMELHAS,
A NOITE ESTÁ ENLUARADA,
É NA ESTRADA A SUA MORADA,
SEU PANDEIRO TOCOU,
E LÁ NO CÉU,
UMA ESTRELA TE GUIOU,
CHEGOU FORMOSA,
QUE IRRADIA,
PRA TODOS NÓS,
A SUA ALEGRIA.
O TEU CARINHO,
QUE NOS SEDUZ,
TRAZ DA ESTRADA,
FAGULHAS DE LUZ.

LUA CHEIA
- FULL MOON -

COM SEU COLAR DE OURO,
SUA PULSEIRA DOURADA,
SUA SAIA RODADA, ELA SAI A BAILAR.
DANÇA, DANÇA CIGANA,
QUERO VER VOCÊ DANÇAR,
ESPALHANDO SEUS MISTÉRIOS,
NA DANÇA QUE SABES DAR.
LUA CHEIA!
LUA CHEIA CLAREOU, CLAREOU,
LUA CHEIA VAI CLAREAR, CLAREAR,
AS ESTRADAS TÃO LONGAS,
PARA A CIGANA DANÇAR.
LUA CHEIA!
(REPEAT)
COM SEU LENÇO COLORIDO,
SEU ROSTO LINDO E BELO,
TRANSFORMA ESTE TEU MUNDO,
NUM MUNDO DE PARAÍSO. LUA CHEIA!
LUA CHEIA CLAREOU, CLAREOU,
LUA CHEIA VAI CLAREAR, CLAREAR,
OS CAMINHOS TÃO LONGOS,
PARA OS CIGANOS PASSAR.
LUA CHEIA!
(REPEAT)

COM SEU COLAR DE OURO,
SUA PULSEIRA DOURADA,
SUA SAIA RODADA,
ELA SAI A BAILAR.

DANÇA, DANÇA CIGANA,
QUERO VER VOCÊ DANÇAR,
ESPALHANDO SEUS MISTÉRIOS,
NA DANÇA QUE SABES DAR.
LUA CHEIA!

LUA CHEIA CLAREOU, CLAREOU,
LUA CHEIA VAI CLAREAR, CLAREAR,
AS ESTRADAS TÃO LONGAS,
PARA A CIGANA DANÇAR.
LUA CHEIA...
(REPEAT)

PODER DOS CRISTAIS
- POWER OF THE CRYSTAL -

OUVI UM VIOLINO,
DA BEIRA DO MAR,
FIQUEI TÃO FASCINADO,
PROCUREI ATÉ ENCONTRAR,
QUANDO VI AO LONGE,
UM CIGANO DE BRANCO,
TOCANDO SEM PARAR,
E UMA CIGANA,
MUITO FACEIRA,
CIGANA CARMELITA,
A CIGANA FEITICEIRA.
TRAZENDO SEUS CRISTAIS NA MÃO,
DE TODAS AS CORES, E ME DIZIA,
QUAL DELES ME PERTENCIA,
DIZIA TAMBÉM,
O PODER QUE ELES TEM.
(REPEAT)
O AMARELO, A PROSPERIDADE,
O LILÁS, A PROTEÇÃO,
O AZUL, TRANSMITE A PAZ,
E O VERDE, A SAÚDE,
O ROSA, ME TRAZ AMOR,
LINDA CIGANA,
SUA PROTEÇÃO,
MUITO OBRIGADO,

*PELA SUA INFORMAÇÃO,
LINDA CIGANA,
SUA PROTEÇÃO,
MUITO OBRIGADO,
PELA SUA INFORMAÇÃO.*

PROTEÇÃO DE CIGANO

BRILHA UMA ESTRELA, NO CÉU,
ME ENCANTOU UM VIOLINO,
CIGANO, CIGANO, CIGANO,
A ESTRELA DO ORIENTE,
GUIOU O SEU DESTINO.
SANTA SHARA É AMOR (É AMOR),
MINHA ESTRADA NÃO SORRIA,
ASSIM ILUMINOU,
UM AMIGO, UM IRMÃO,
ELE TEM BOM CORAÇÃO,
ESTRELA GUIA DO ORIENTE,
ILUMINA ESTE CIGANO VALENTE.
FEITIÇO DA CIGANA
CIGANA LINDA,
DO OLHAR FEITICEIRO,
CIGANA DAS ROSAS VERMELHAS,
O SEU PERFUME, TEM O FEITIÇO,
DE MATAR OS FEITICEIROS.
NA SUA COR,
ELA TRANSMITE O AMOR,
NO SEU PERFUME.
A ALEGRIA DE VIVER,
OH CIGANA LINDA,
OH LINDA CIGANA,
CIGANINHA DO AMOR.

CARMEM DO ORIENTE

*A ESTRELA DA CIGANA CARMEM
QUE LÁ DO ORIENTE BRILHA SEM PARAR
ESSA ESTRELA ELA TRAZ EM SEU PEITO
E TODA A UMBANDA ELA VEM CLAREAR
CLAREIA, ESTRELA FORMOSA
DA CIGANA CARMEM QUE É ASTRO SEU
E COMO UMA ESTRELA DO ORIENTE
ILUMINA OS CAMINHOS QUE CIGANA ACOLHEU*

CARMENCITA

CARMENCITA, CARMENCITA,
ETA CIGANA BONITA.

MUITO GRANDE É SEU PODER,
COM A SUA SAIA A RODAR,
PELO CAMINHOS DA VIDA,
ELA SEGUE A CANTAR,
QUANDO A LUA É LUA CHEIA,
ESTANDO A FOGUEIRA A QUEIMAR,
ESPALHA GRAÇA E BELEZA,
CHEIRO DE ROSAS NO AR.

CARMENCITA, CARMENCITA,
ETA CIGANA BONITA.
TOCANDO SEU PANDEIRO,
FAZ UMA RODA FORMOSA,
PERGUNTA SUA SINDA,
ONDE ESTÃO AS CASTANHOLAS, OH!

CARMENCITA DA CAMPINA

É DAS CAMPINAS QUE ELA
VEM PRA TRABALHAR
É A CIGANA CARMEM
CARMENCITA DAS CAMPINAS
COM A FORÇA DA LUA,
DO FOGO E DO SOL
ELA VEM PRA TRABALHAR
É A CIGANA CARMEM
CARMENCITA DAS CAMPINAS
CIGANA CARMENCITA
NUMA NOITE LINDA,
EU VI UMA CIGANA,
COM SUA PULSEIRA DOURADA,
E NO SEU PEITO UM CORDÃO,
COM SEU PANDEIRO DE FITAS,
ELA LEU MINHA MÃO (CARMENCITA).
DEU-ME TANTA ALEGRIA,
EU JAMAIS EI DE ESQUECER DESTE DIA,
EXISTEM DUAS ESTRADAS PARA VOCÊ,
UMA É DE ESPINHOS,
A OUTRA É A ESCOLHER.

OH CIGANA, OH CIGANA,
SEI QUE VOCÊ NÃO ME ENGANA,
OH CIGANA.

CIGANA CELORI

PISA NA PONTA DO PÉ,
EU QUERO VER A CELORI!...
OI PISA NA PONTA DO PÉ,
EU QUERO VER A CELORI!
(REPEAT)

EU PERGUNTEI AS CARTAS,
PERGUNTEI AS CARTAS DE TARÔ!...
(REPEAT)

AE AE CELORI!
AE AE CELORI!

CIGANA TEU POVO TE CHAMA,
EU QUERO VER A CELORI!
(REPEAT)

CIGANA DO PANDEIRO

A CIGANA DO PANDEIRO,
VEM CHEGANDO, VEM SORRINDO,
VEM TRAZENDO A SAÚDE,
PROS FILHOS QUE ESTÃO CAINDO.
(REPEAT)

ELA VEM NA TEMPESTADE,
VEM JUNTO COM O TEMPORAL,
VEM SAMBANDO, VEM DANÇANDO,
LEVANTANDO TODO O MAL.
(REPEAT)

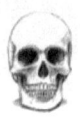

ELA TRAZ AS SUAS GUIAS,
DE TERRAS ALÉM DO MAR,
ELA VEM LÁ DA HUNGRIA,
PARA NOS ABENÇOAR.

ELA TEM CABELOS LONGOS,
QUE BRILHAM COM O LUAR,
ELA VEM LÁ DA ARUANDA,
COM XANGÔ VAI TRABALHAR.
(REPEAT)

OI QUE LINDA MULHER EXÚ,
LÁ NO CRUZEIRO,
ELA É A RAINHA EXÚ,
LÁ NO CRUZEIRO,
É A POMBA GIRA EXÚ,
LÁ NO CRUZEIRO.

AI QUE LINDA MULHER EXÚ,
LÁ NO CRUZEIRO,
ELA É A RAINHA EXÚ,
LÁ NO CRUZEIRO,
É A POMBA GIRA EXÚ,
LÁ NO CRUZEIRO.

CIGANA DA PRAIA

JÁ ERA ALTA MADRUGADA,
PASSANDO NUMA ESTRADA,
EU VI UMA CIGANA,
PERGUNTEI O NOME DELA,
ELA ENTÃO ME RESPONDEU
SOU A CIGANA DA PRAIA.
ENCANTADO EU FIQUEI,
POR MUITO TEMPO LHE PROCURAR,
SEI QUE ABAIXO DE DEUS,
SÓ VOCÊ É QUEM PODE ME AJUDAR,
RETIROU TODA MANDINGA,
TODA FEITIÇARIA,
QUE HAVIA EM CIMA DE MIM,
SE NÃO FOSSE VOCÊ LINDA CIGANA,
TALVEZ FOSSE O MEU FIM.
EU AGRADEÇO, OH CIGANA QUERIDA,
QUE ESTENDEU PARA MIM,
A MÃO AMIGA.
CIGANINHA DA SANDÁLIA DE PAU
Ô CIGANINHA, CIGANINHA,
DA SANDÁLIA DE PAU.
(REPEAT)

AONDE ELA PÕE O PÉ,
ELA FAZ O BEM, E NÃO FAZ O MAL.
(REPEAT)

CIGANA DAS ROSAS

SE EU COLHESSE TODAS AS ROSAS,
QUE NASCEM NOS MAIS LINDOS JARDINS,
NÃO TERIA A MAGIA,
DO PERFUME QUE VOCÊ TRANSMITE,
EM MIN OH CIGANA,
OH CIGANA.
COM SUA SAIA RODADA,
ENFEITADA DE VÁRIAS CORES,
TRAZENDO SEUS MISTÉRIOS,
QUE UMA RAINHA POSSUI,
COM TODOS OS SEUS ESPLENDORES,
OH CIGANA.

CIGANA FORMOSA

*CIGANA, TÃO BONITA E TÃO FORMOSA,
DO MEU JARDIM TU ÉS A ROSA,
É BRISA LEVE,*

*SOPRANDO POR ONDE FOR,
TEM SUA MAGIA,
SEU PERFUME ME SEDUZ,
TEU BARALHO ME IRRADIA.*

*CIGANA, SUA TRIBO CANTANDO,
SANTA SHARA ABENÇOANDO,
ESTE ENCONTRO DE PAZ.*

*CIGANA, É MINHA LUZ, MINHA ALEGRIA,
NÃO ME CANSO DE LOUVAR,
ESTA TRIBO NOITE E DIA,
CIGANA.*

CIGANA MADALENA

ERA UMA NOITE DE LUA
UMA ESTRELA INCANDESCENTE APARECEU
SEU BRILHO FORTE
POVO CIGANO ENXERGOU
E LOGO COMPREENDEU
ERA A CIGANA ESPERANÇA
A CIGANA CRIANÇA
QUE CHEGAVA PARA AJUDAR
AOS FILHOS SEUS
MADALENA...MADALENA
CIGANO RAIKO

POR TODOS OS CAMINHOS
QUE MEUS PÉS PISARAM
POR TODAS AS ESTRADAS
DE MINHA JORNADA
SOU CIGANO RAIKO
GUERREIRO DE TODAS ARMADAS
COM A FORÇA DA LUA, BRILHO DE LUAR
CIGANO É GUERREIRO, CIGANO VAI LUTAR

CIGANA ROSALINA

EM UMA GRANDE CAMPINA
NUMA NOITE DE LUA
SENTADA JUNTO AO FOGO
ESTÁ A CIGANA ROSALINA
COM A FORÇA DA LUA
COM A FORÇA DO FOGO
CIGANA ROSALINA
ESTENDE SUA AJUDA
CIGANA ROSALINA
ROSALINA DE SEVILHA
CIGANA DA CAMPINA
CIGANA ROSA, ROSALINA

CIGANA ROSITA

ROSITA É UMA MOÇA BONITA
QUE USA VESTIDO DE CHITA
E VEM PARA GIRA
COLAR, BRINCO E PULSEIRA
PRA TODOS AGRADAR
É A CIGANA ROSITA
QUE VEM PRA TRABALHAR
CIGANA SALAMANDA

ELA VEM DE LONGE,
PELA ESTRADA A FORA,
VEM TRAZENDO A PAZ,
PARA TODOS QUE AQUI VEM.

COM SEU BARALHO NA MÃO,
O SEU VINHO NA TAÇA,
ELA É A CIGANA,
PARA TODOS QUE TEM FÉ.

SALVE, SALVE A CIGANA!
SALVE, SALVE A CIGANA!
ELA É A CIGANA SALAMANDA,
DO POVO DO ORIENTE.

MAS ELA VEM DE...

CIGANA SILVANA

DA CAMPINA VEM SILVANA
POIS FORAM ME CHAMAR
COM A FORÇA DA LUA,
DO FOGO E DO SOL
SEGUINDO AS ESTRELAS
ELA VEM PRA TRABALHAR
COM SUA ENERGIA ELA
AGORA ESTÁ AQUI
SALVE SILVANA QUE
CHEGOU PRA TRABALHAR

CIGANA SONHADORA

ELA SAIU EM BUSCA,
MAS EM BUSCA DE UM GRANDE AMOR,
CONTEMPLANDO A NATUREZA,
PARA SUA SORTE ENCONTRAR,
AS FOLHAS FARFALHAVAM,
AS ÁGUAS A ROLAR,
AS FLORES EZALAM SEUS PERFUMES,
E OS PÁSSAROS A CANTAR...

OLHEM SÓ QUANTA EMOÇÃO,
QUANDO ENCONTROU,
O SEU GRANDE AMOR,
É UM CIGANO GUERREIRO,
COM SUA ESPADA NA MÃO,
ELE DISSE EU SOU FLADIMIR,
POIS SOU UM CIGANO SONHADOR,
POR ISSO LINDA CIGANA,
NÃO VIVO SEM O SEU AMOR.

CIGANA SORAIA

SORAIA VOCÊ É CIGANA LINDA
AONDE ESTÁS QUE VOCÊ NÃO VEIO AINDA?
MAS ELA VEM NO BALANÇO DO MAR
VEM DAS KALUNGAS,
ELA VEM BEIRANDO O MAR

CIGANA SOLEÁ

DE LAS CUEVAS DE GRANADA
CON EL FUEGO DE SU RAZA..
VIENE POR LOS OLIVARES

HILANDO RAYOS DE PLATA
TRAE LA MAGIA DE LA LUNA
Y EN SUS DEDOS FILIGRANAS
LA GITANA SOLEÁ DANZANDO
TODA LA TRIBU CANTANDO
GITANA... GITANA
VA CORTANDO MALEFICIOS
EN SU CHAL ESTÁ EL SECRETO
CARACOLAS EN SU PECHO
Y EN SUS MANOS SORTILEGIOS
LA GITANA SOLEÁ DANZANDO
TODA LA TRIBU CANTANDO
GITANA... GITANA

CIGANA SULAMITA

MOÇA SUA CASA É A ESTRADA,
SEM LUGAR CERTO PARA FICAR,
VIVE DAQUI PRA LI, VIVE DE LÁ PRA CÁ,
COM SEU PANDEIRO DE FITA,
E UM BARALHO PRA JOGAR.

TEM UMA LUZ NOS SEUS OLHOS,
PARA AJUDAR, QUEM LHE PROCURAR.
ESTA CIGANA É TÃO BONITA,
ESTOU FALANDO DA CIGANA SULAMITA.

CIGANA TÂNIA

SE VOCÊ SENTIR A BELEZA DAS CAMPINAS
VERÁ UMA CIGANA JUNTO
ÀS FLORES A REZAR
SALVE JESUS CRISTO E A VIRGEM MARIA
QUE NOS PROTEGE,
NOS AJUDA E NOS GUIA
É A CIGANA TÂNIA DA ANDALUZIA
SAÚDA SEU POVO E TAMBÉM
VEM TRABALHAR
A CIGANA TÂNIA VEM TRAZER
SUA AMIZADE
TRAZ FELICIDADE,
MUITA FÉ, MUITA EMOÇÃO
A FORÇA CIGANA NUNCA VAI EMBORA
FORTALECE A FÉ EM DEUS
E EM NOSSA SENHORA
A CIGANA TÂNIA VAI CHEGAR AGORA
SUA MÃO AMIGA DÁ AMPARO AO CORAÇÃO

CIGANA ZAÍRA

CIGANA, CIGANA
ZAÍRA CIGANA DAS SETE LINHAS
CIGANA DOS ANDARILHOS
QUE VEM AQUI TRABALHAR
CIGANA, CIGANA
ZAÍRA CIGANA DOS ENCANTADOS
JOGOU AS CARTAS NA MESA
E DISSE QUE VAI ME AJUDAR!

CIGANO CARLOS

TODOS OS CIGANOS SÃO ASSIM
GIRAM O MUNDO SEM PARAR
GOSTAM DE FICAR SOB O LUAR
DE FRENTE AO FOGO A BAILAR
DE FRENTE AO FOGO A CANTAR

CIGANO PABLO

LONGO FOI O MEU CAMINHO
ANDEI NESSE MUNDO, ANDEI
SOU UM ANDARILHO
SOU CIGANO, HOJE EU SEI
SEI QUE AO CAMINHAR
CUMPRO MINHA MISSÃO
DOU O MEU AXÉ
A QUEM ME ESTENDER A MÃO
TODOS ME CHAMAM
PABLO CIGANO

CIGANO RAMIREZ

DE LONGE EU VIM
CAMINHEI SETE PEDREIRAS
PASSEI POR CACHOEIRAS
ONDE MORA AIEIÊ
LÁ NA CAMPINA ONDE A LUA É PRATEADA
SOU CIGANO NA ALVORADA
SOU CIGANO, EU SOU MAIS EU

CIGANO RAMON

*NA GIRA DOS CIGANOS
RAMON VEM TRABALHAR
AO BRILHAR A LUA
ELE VEM CANTAR
NA GIRA DOS CIGANOS
RAMON VEM TRABALHAR
NA FORÇA DO FOGO
GIRA MUNDO SEM PARAR
NA GIRA DOS CIGANOS
RAMON VEM TRABALHAR*

CIGANA DE FÉ

VINHA, CAMINHANDO A PÉ,
PARA VER SE ENCONTRAVA,
A MINHA CIGANA DE FÉ,
(REPEAT)

ELA PAROU E LEU MINHA MÃO,
E DISSE, TODAS AS MINHAS VERDADES,
EU SÓ QUERIA SABER A ONDE MORA,
A MINHA CIGANA DE FÉ.
(REPEAT)

POMBA-GIRA CIGANA

*DONA POMBA-GIRA CIGANA,
LEVA O QUE TEM PRA LEVAR.
(REPEAT)*

*LEVA A MINHA QUIZILA,
LEVA BEM PARA O FUNDO DO MAR.
(REPEAT)*

*EU VINHA, CAMINHANDO A PÉ,
PARA VER SE ENCONTRAVA,
POMBA GIRA CIGANA DE FÉ,
(REPEAT)
ELA PAROU E LEU MINHA MÃO,
E DISSE, TODA A MINHA VERDADE, MAS EU...
EU SÓ QUERIA SABER A ONDE MORA,
POMBA GIRA CIGANA DE FÉ,
(REPEAT)
MAS BEM QUE EU LHE AVISEI,
QUE EU LHE AVISEI...
QUE VOCÊ NÃO JOGAVA,
ESSA CARTADA COM ELA...
(REPEAT)*

VOCÊ PAROU NO VALETE, E EU...
EU PAREI NA DA DAMA,
EU PAREI NA DAMA...
AMIGO, VOCÊ NÃO ME ENGANA,
POMBA GIRA CIGANA,
É A MULHER DE FAMA.
AMIGO, VOCÊ NÃO ME ENGANA,
A MULHER DE FAMA, É...
POMBA GIRA CIGANA.

POMBA GIRA CIGANA MARIA MADALENA

*A CIGANA MARIA MADALENA,
VEM DE LONGE DANÇAR NESTE CONGÁ,
TRAZ A PAZ, A SAÚDE E O AMOR,
COM PERMISSÃO DE ZÂMBI E OXALÁ,
PARA TODOS OS FILHOS NESTE ELÊ,
MUITO AXÉ, MUITA LUZ PARA ESTE ENDÁ.*

- FAREWELL TO MARIA MADALENA -

*A CIGANA, MARIA MADALENA,
SE DESPEDE AGORA DO CONGÁ,
DEIXA A PAZ, A SAÚDE E O AMOR,
COM PERMISSÃO DE ZAMBI E OXALÁ,
PARA TODOS OS FILHOS NESTE ELÊ,
MUITO AXÉ, MUITA LUZ PARA ESTE ENDÁ.*

POMBA GIRA CIGANA SETE SAIAS

QUANDO A LUA SAIR,
QUANDO A LUA SAIR Ó, Ó...
E O CRUZEIRO ILUMINAR,
A MAIS BELA DAS GIRAS,
SETE SAIAS VAI GIRAR!...
(REPEAT)

SANTA SARA - PATRON OF THE CIGANOS

SALVE SARA,
PROTETORA DOS CIGANOS
ESTAMOS AQUI PARA LHE PEDIR
VEM ABRIR NOSSOS CAMINHOS
NOS MOSTRED UMA LUS PARA PROSSEGUIR
TANTA LUZ LIMINANDO
AS CORED DO ARCO-ÍRIS
É SANTA SARA QUE ESTÁ CHEGANDO
PARA ABENCOR O POVO CIGANO
A NOSSA LUTE E CONSTANTE
PARE DEFENDER A LIBERDADE
MINHA SANTA NOS AJUDA
A MEREDER ESTA FELICIDADA
SANTA SARA ILUMINAI NOSSOS CAMINHOS
A OSSE FE, NOS AJUDE A CONSTRUIR
LEVE ESTA PRECE, COM OS NOSSOS DESTINOS
PARA UM MUNDO MELHOR QUE NA DE VIR

CIGANO, NOSSO PRANTO E DE ALEGRIA
FELICIDADE E SENTIR-SE LIVRE
DE CAMINHAR POR ESSES CAMPOS
E SENTIR A EMOCAO DOMINAR O CORACAO
NOSSA GENTE VAI SEMEAR

E NESTA TERRA DEIXAR RAIZ
NOSSO AMOR IRA BRORAT
NO CORACAO DESTE PAIS
ESTES CAMPOS ESTA FLORIDOA
COM O LUAR E MAIS BONITO
LINDO SOL VAL AQUECER
AO CHEGAR O AMANHECER
LIBERDADE VAMOS CRESCER
NESTA TERRA TAO QUERIDA
ENCONTRAMOS ACOLHIDA
LUTAREMOS ATÉ VENCER
COGANOS, UM ABRACO DE UNIAO
VAMOS TODOS DAR AS MAOS
FINALMENTE RECONHECIDOS
NESTA TERRA COMO IRMAOS
LIBERDADE VAMOS CRESCER

CIGANO, AMIGO DA LUA
DE NOITE FAZ FARRA, DE DIA ANDA NA RUA
ANDAR, ANDAR, ANDAR,
VENDENDO ILUSÕES PARA ALGAZU COMPRAR
PORQUE CIGANO TEM A FORÇA DA LUA
SE VOCÊ PODIA, NÃO DEVIAS PROMETER
SE VOCÊ PROMETEU, VOCÊ TEM QUE PAGAR
SE VOCÊ NÃO PAGAR, JAMAIS VAI ANDAR

CIGANO BATE O PÉ, CIGANO BATE O PÉ
CIGANO ENTRA NA RODA
PRA SALVAR FILHOS DE FÉ
QUEM VEM DE LÁ
QUEM VEM DE CÁ
SÃO CIGANOS QUE VEM BAILAR

CIGANO, TU TENS A FORÇA DA LUA
TU VENS AQUI NA RUA
CANTAR A TUA PAIXÃO
CIGANO, TEUS OLHOS SÃO FASCINANTES
ARREDA TODO O MAL
QUE CAUSA TANTO DESALENTO

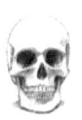

DEU MEIA NOITE O SERENO CAI
CAI, CAI, O SERENO CAI
SERENO DE CIGANO
CAI, CAI, O SERENO CAI

LINDA ROSA NO JARDIM AMANHECEU
MINHA MÃE ESTÁ CHAMANDO E LÁ VOU EU
EU SOU CIGANO, EU SOU CIGANO NA ALDEIA
EU SOU CIGANO E CIGANO NÃO BAMBEIA

NUMA NOITE DE LUAR
ESTÃO OS CIGANOS A CANTAR
NUMA NOITE DE LUAR
ESTÃO OS CIGANOS A BAILAR
SE QUERES FAZER UM PEDIDO
OU FAZER UMA OFERENDA
PARA O POVO CIGANO
TEM QUE SER NUMA NOITE DE LUAR
NUMA NOITE DE LUAR
ESTÃO OS CIGANOS A CANTAR
NUMA NOITE DE LUAR
ESTÃO OS CIGANOS A BAILAR
OS CIGANOS GOSTAM DE VIVER
UMA VIDA SEMPRE A CAMINHAR
NO SERENO ESTÁ O SEU PRAZER
DE CANTAR NUMA NOITE DE LUAR

NUMA NOITE DE LUAR ESTÃO OS CIGANOS A CANTAR
NUMA NOITE DE LUAR ESTÃO OS CIGANOS A BAILAR

POVO CIGANO FAZ SENTIR SUA ENERGIA
COM SUA MAGIA E ALEGRIA DE CANTAR
COM A FORÇA DA LUA E A LUZ DO DIA
COM A NATUREZA ELES SABEM TRABALHAR
POVO CIGANO SABE O SEGREDO
COM A FORÇA DA FÉ
NINGUÉM VAI NOS DERRUBAR
QUANDO ZAMBI ANDOU NO MUNDO
SEU CIGANO SEGURA SEU REINADO
OLHA ESPINHOS DA ROSEIRA
CIGANO NÃO DEIXA SEUS FILHOS CAIR

TODOS OS CIGANOS SÃO ASSIM
GIRAM O MUNDO SEM PARAR
GOSTAM DE FICAR SOB O LUAR
DE FRENTE AO FOGO A CANTAR
DE FRENTE AO FOGO A BAILAR

PISA FIRME CIGANO,
QUERO VER O SEU DANÇAR
POIS NA RODA DE CIGANO
NINGUÉM PODE BALANÇAR

CIGANA, CIGANA VEM
CIGANA VEM TRABALHAR
ELA É A CIGANA DO SERENO
QUE VEM PARA SEUS FILHOS AJUDAR
ELA É BONITA, ELA É FACEIRA
GOSTA DE BRINCOS, COLAR, MUITAS PULSEIRAS
CABELOS LONGOS, PELE MORENA
ATÉ A LUA ADMIRA SUA BELEZA

CIGANA, ELA VEM DANÇANDO
ELA VEM MOSTRANDO SUA DANÇA NO TERREIRO
COM SUA SAIA RODADA, SUA BOTA PRATEADA
PRA ESPANTAR OS FEITICEIROS

CIGANA QUE VEM DANÇANDO
QUE VEM DANÇANDO
SUA DANÇA DE TERREIRO
COM SUA SAIA RODADA
SUA BOTA PRATEADA
PRA ACABAR COM FEITICEIRO

ELA É CIGANINHA DA SANDÁLIA DE PAU
ELA FAZ O BEM, ELA FAZ O BEM
NUNCA FAZ O MAL

ELA É UMA CIGANA FACEIRA, ELA É
ELA É DAS SETE LINHAS
E NÃO É DO CANDOMBLÉ
ELA VEM DE MUITO LONGE
OS SEUS FILHOS AJUDAR
ELA VEM DE MUITO LONGE
SARAVAR NESTE CONGÁ

EU BEM QUE AVISEI
PRA VOCÊ NÃO JOGAR ESTA CARTADA COMIGO
VOCÊ APOSTOU NO VALETE
E EU APOSTEI NA DAMA
AMIGO, VOCÊ NÃO ME ENGANA
ESSA LINDA CIGANA VEM
TRABALHAR NA UMBANDA

GANHEI UMA BARRACA VELHA
FOI A CIGANA QUEM ME DEU
O QUE É MEU É DA CIGANA
O QUE É DELA NÃO É MEU
A CIGANA É QUEM ME AJUDA
CÁ NA TERRA ONDE ESTOU
VEJA COMO EU ESTOU

LENITA É UMA MOÇA BONITA!
DE SAIA RODADA ELA GOSTA MUITO

*DE ÁGUA BORBULHANTE
LEVANTA A SAIA, OH CIGANA
NÃO DEIXA A SAIA ARRASTAR
A SAIA CUSTA DINHEIRO
DINHEIRO CUSTA A GANHAR*

*NUMA NOITE DE LUA, UMA LINDA CIGANA
PASSEAVA NA RUA E SORRIA AO LUAR
ELA ERA FORMOSA, ERA DONA DA ROSA
UMA LINDA CIGANA VEM O MAL DESMANCHAR*

*VINHA CAMINHANDO A PÉ, A PÉ
PARA VER SE ENCONTRAVA
UMA LINDA CIGANA DE FÉ
ELA PAROU E LEU MINHA MÃO,
LEU MINHA MÃO
E DISSE TODA A VERDADE
MAS EU SÓ QUERIA SABER ONDE ESTAVA
AQUELA LINDA CIGANA DE FÉ*

VARIOUS OTHER CURIMBAS

Following is a selection of sung invocations (Pontos Cantados/ Curimbas) for special ceremonies and other occasions.

PONTO TO CLEAN THE TERREIRO/TEMPLE

XÔNI, XÔNI,
XÔNI, PADÔ.

ÉPTO APTO,
XÔNI PADÔ.

XÔNI, XÔNI,
XÔNI PADÔ.
ÉPTO APTO,
XÔNI PADÔ

TEM MORADOR

TEM MORADOR, DE CERTO TEM ,
TEM MORADOR,
DE CERTO TEM MORADOR.
NA PORTA MEU GALO CANTA,
DE CERTO TEM MORADOR.
(REPEAT)

TÁ CHEGANDO A MEIA-NOITE,
TÁ CHEGANDO A MADRUGADA.
(REPEAT)

SALVE O POVO DE QUIMBANDA,
SEM EXU NÃO SE FAZ NADA.
(REPEAT)

MEU CARNEIRINHO

QUEM DIZ QUE O DIABO É FEIO,
BONITO ELE NÃO É.
(REPEAT)

ELE TEM CARA DE HOMEM,
E CINTURINHA DE MULHER.
(REPEAT)

ROUBARAM MEU CARNEIRINHO,
CORTARAM OS SEUS QUATRO PÉS.
(REPEAT)

NÃO QUERO SABER DE NADA,
QUERO É MEU CARNEIRO EM PÉ.
(REPEAT)

VERMELHO E NEGRO
- RED AND BLACK -

DE VERMELHO E NEGRO, VESTINDO
À NOITE O MISTÉRIO TRAZ,
DE COLAR DE CONCHAS,
BRINCOS DOURADOS,
A PROMESSA FAZ...
SE VOCÊ QUER IR,
VOCÊ PODE IR,
PEÇA O QUE QUISER...
MAS CUIDADO AMIGO,
ELA É BONITA, ELA É MULHER.
E NUM CANTO DA RUA,
ZOMBANDO, ZOMBANDO,
ZOMBANDO TÁ...
ELA É MOÇA BONITA,
GIRANDO, GIRANDO,
GIRANDO LÁ, OI...
OI GIRANDO LÁ, OI...
OI GIRANDO LÁ, OI...

EXÚ FEZ UMA CASA

T - *EXÚ FEZ UMA CASA,*
SEM PORTEIRA E SEM JANELA,
AINDA NÃO ACHOU,
MORADOR PRA MORAR NELA.
AINDA NÃO ACHOU MORADOR,
PRA MORAR NELA.

R - *AINDA NÃO ACHOU MORADOR,*
PRA MORAR NELA.
AINDA NÃO ACHOU,
MORADOR PRA MORAR NELA.
(REPEAT)

É PRA QUEM TEM FÉ

A SORTE SORRIU PRA VOCÊ,
EM SONHO SOMENTE FICOU...
O MUNDO NÃO GIRA SEM GIRA,
E PRA GIRA DA VIDA,
VOCÊ, NEM LIGOU.

CHUVA DEMAIS TRAZ RUÍNA,
OLHO GRANDE LHE CEGOU...
PROCURA A PRIMEIRA ESQUINA,
DEITA UM PEDIDO A MARIA,
COM FÉ, QUE VOCÊ ABJUROU.

E AGUARDE, A VIRADA DA MARÉ,
A VIRADA DA MARÉ...
POIS NA VIDA SÓ VENCE,
QUEM TEM FÉ,
Ó QUEM TEM FÉ,
FOLHA MORTA REVIVE QUANDO CHÁ,
ESPERANÇA NÃO MORRE SE LUTAR,
TODA SORTE PERDIDA,
É BOBEIRA QUE DÁ.
(REPEAT)

*POMBA GIRA É,
MULHER DE SETE MARIDO,
CUIDADO COM ELA,
POMBA GIRA É UM PERIGO.*
(REPEAT)

ENÁ ENA É MOGIBÁ

ENA ENA É MOGIBÁ, Ê...
É MOGIBÁ,
(REPEAT)

SOLTARAM O POMBO LÁ NA MATA,
MAS NA PEDREIRA NÃO POSOU,
FOI POUSAR NA ENCRUZILHADA,
SEU SETE ENCRUZA QUEM MANDOU,
FOI POUSAR NA ENCRUZILHADA,
SEU TRANCA RUA QUEM MANDOU,
FOI POUSAR NA ENCRUZILHADA,
EXÚ VELUDO QUEM MANDOU.
ENA ENA É MOGIBÁ, Ê... É MOGIBÁ,
(REPEAT)

SOLTARAM O POMBO LÁ NA MATA,
MAS NA PEDREIRA NÃO POUSOU,
FOI POUSAR NA ENCRUZILHADA,
SEU TIRIRI FOI QUEM MANDOU,
FOI POUSAR NA ENCRUZILHADA,
ARRANCA TOCO QUEM MANDOU,
FOI POUSAR NA ENCRUZILHADA,
SEU TRANCA GIRA QUEM MANDOU.
ENA ENA É MOGIBÁ, Ê...
É MOGIBÁ,
(REPEAT)

SOLTARAM O POMBO LÁ NA MATA,
MAS NA PEDREIRA NÃO POUSOU,
FOI POUSAR NA ENCRUZILHADA,
SEU OMULÚ FOI QUEM MANDOU,
FOI POUSAR NA ENCRUZILHADA,
SEU XAPANÃ FOI QUEM MANDOU,
FOI POUSAR NA ENCRUZILHADA,
SETE CAVEIRAS QUEM MANDOU.
ENA ENA É MOGIBÁ, Ê...
É MOGIBÁ,
(REPEAT)

SOLTARAM O POMBO LÁ NA MATA,
MAS NA PEDREIRA NÃO POUSOU,
FOI POUSAR NA ENCRUZILHADA,
SEU EXÚ REI FOI QUEM MANDOU,
FOI POUSAR NA ENCRUZILHADA,
SEU GIRA MUNDO QUEM MANDOU,
FOI POUSAR NA ENCRUZILHADA,
DESTRANCA RUA QUEM MANDOU.
ENA ENA É MOGIBÁ, Ê...
É MOGIBÁ,
(REPEAT)

SOLTARAM O POMBO LÁ NA MATA,
MAS NA PEDREIRA NÃO POUSOU,
FOI POUSAR NA ENCRUZILHADA,
MARIA PADILHA QUEM MANDOU,

FOI POUSAR NA ENCRUZILHADA,
MARIA MOLAMBO QUEM MANDOU,
FOI POUSAR NA ENCRUZILHADA,
MARIA DAS ALMAS QUEM MANDOU.
ENA ENA É MOGIBÁ, Ê... É MOGIBÁ,
(REPEAT)
SOLTARAM O POMBO LÁ NA MATA,
MAS NA PEDREIRA NÃO POUSOU,
FOI POUSAR NA ENCRUZILHADA,
SEU SETE CAPAS QUEM MANDOU,
FOI POUSAR NA ENCRUZILHADA,
SEU CAPA PRETA QUEM MANDOU,
FOI POUSAR NA ENCRUZILHADA,
EXÚ DO LODO QUEM MANDOU.
ENA ENA É MOGIBÁ, Ê... É MOGIBÁ,
(REPEAT)
SOLTARAM O POMBO LÁ NA MATA,
MAS NA PEDREIRA NÃO POUSOU,
FOI POUSAR NA ENCRUZILHADA,
TATÁ CAVEIRA QUEM MANDOU,
FOI POUSAR NA ENCRUZILHADA,
SEU SETE COVAS QUEM MANDOU,
FOI POUSAR NA ENCRUZILHADA,
O BOIADEIRO QUEM MANDOU.
ENA ENA É MOGIBÁ, Ê...
É MOGIBÁ,
(REPEAT)

EU NÃO TE QUERO UM DIA
- I WILL NOT WANT YOU ONE DAY -

EU NÃO TE QUERO UM DIA,
NÃO TE QUERO UMA NOITE, NÃO,
É PORQUE EU TE QUERO,
POR TODA A ETERNIDADE.
(REPEAT)
O SEU SETE SABE,
A RAINHA VÊ,
A MENINA COMENTA,
QUE EU AMO VOCÊ.
(REPEAT)
A PADILHA SABE,
A QUITÉRIA VÊ,
A MOLAMBO COMENTA,
QUE EU AMO VOCÊ.
(REPEAT)

TRANCA RUA SABE, O VELUDO VÊ,
ZÉ PELINTRA COMENTA,
QUE EU AMO VOCÊ.
(REPEAT)
O CAVEIRA SABE, O DO LODO VÊ,
KALUNGUINHA COMENTA,
QUE EU AMO VOCÊ.
(REPEAT)

QUANDO DEU MEIA NOITE
- WHEN IT WAS MIDNIGHT -

T - *LAROU EXÚ, EXÚ É MOGIBÁ!*
R - *EEEE!...*
T - *LAROU EXÚ, EXÚ É MOGIBÁ!*
R - *EEEE!...*

T - *SUA CAPA DE VELUDO,*
QUANDO VEIO DEIXOU LÁ.
QUANDO DAVA MEIA-NOITE,
TODO EXÚ IA BUSCÁ.
ENA MOGIBÁ Ê!...
(REPEAT)

ENA MOGIBÁ Ê!...
(REPEAT)

SUA CAPA DE VELUDO,
QUANDO VEIO DEIXOU LÁ.
QUANDO DAVA MEIA-NOITE,
TODO EXÚ IA BUSCÁ.

R - *ENA MOGIBÁ EEE...*
(REPEAT)

ENA MOGIBÁ EEE...
(REPEAT)

T - *SUA CAPA DE VELUDO,*
QUANDO VEIO DEIXOU LÁ.
QUANDO DAVA MEIA-NOITE,
EXÚ CAVEIRA IA BUSCÁ.

R - *ENA MOGIBÁ EEE...*
(REPEAT)
ENA MOGIBÁ EEE...
(REPEAT)
T - *SUA CAPA DE VELUDO,*
QUANDO VEIO DEIXOU LÁ.
QUANDO DAVA MEIA-NOITE,
TRANCA RUA IA BUSCÁ.

R - *ENA MOGIBÁ EEE...*
(REPEAT)
ENA MOGIBÁ EEE...
(REPEAT)

T - *SUA CAPA DE VELUDO,*
QUANDO VEIO DEIXOU LÁ.
QUANDO DAVA MEIA-NOITE,
POMBO GIRA IA BUSCÁ.

R - *ENA MOGIBÁ EEE...*
(REPEAT)
ENA MOGIBÁ EEE...
(REPEAT)

T - *SUA CAPA DE VELUDO,*
QUANDO VEIO DEIXOU LÁ.
QUANDO DAVA MEIA-NOITE,
TODO EXÚ IA BUSCÁ.

R - *ENA MOGIBÁ EEE...*
(REPEAT)
ENA MOGIBÁ EEE...
(REPEAT)

T - *SUA CAPA DE VELUDO,*
QUANDO VEIO DEIXOU LÁ.
QUANDO DAVA MEIA-NOITE,
TODO EXÚ IA BUSCÁ.
ARUÊ EXÚ!

R - *EEE!...*

TRADITIONAL CONGO-PONTOS FOR EXU

MAVILE, MAVILE, MAVILE, MAVANGO,
RECOMPENSUÊ, RÁ, RÁ, RÁ,
RECOMPENSUÁ.

É UM MAVILE, MAVILE,
É UM MAVILE, MAVANGO.
(REPEAT)

EXU É PAVENÃ.
(REPEAT)

EXU É PAVENÃ.
(REPEAT)

NA SUA ALDEIA ELE É,
EXU É PAVENÃ.

É POMBO GIRA, POMBO GIRA,
POMBO GIRÁ.
É POMBO GIRA, POMBO GIRA,
POMBO GIRÁ. POMBO GIRÁ.

CÓ, CORÓ, CÓ,
LAROIÊ.
CÓ, CORÓ, CÓ,
LAROIÊ.

POMBO GIRÊ, AUÊ,
POMBO GIRÊ, AUÊ,
POMBO GIRÊ, VÁ MUCONGUÊ,
POMBO GIRÊ, VÁ MUCONGUÊ

MAVILE CONGO, MACOTÔ ILÊ MAVILÊ,
MAVILE CONGO, MACOTÔ ILÊ MAVILÊ,
POMBO GIRA, VÁ MUCONGUÊ, OLÁ, ORIRÊ.
(REPEAT)

EXU É NAN, EXU É NAN Á QUERÊ QUETÊ.
LEGBÁRA, EXU É NAN,
LEGBÁRA, EXU À QUERÊ.

*TOMA LÁ, ZÉCO ZÉCO,
ÓIA SEU CURIÁ.
TOMA LÁ, ZÉCO ZÉCO,
ÓIA SEU CURIÁ.*

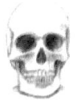

*BOMBOGIRA VEM TOMÁ CHÔ CHÔ,
BOMBOGIRA VEM TOMÁ CHÔ CHÔ.*

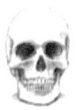

*TENDA, TENDÁ,
POMBO GIRA, TENDAIÓ.
TENDA, TENDÁ,
POMBO GIRA, TENDAIÓ.*

EU VOU CHAMAR MEU POVO
- I AM CALL MY PEOPLE -

EU VOU, EU VOU,
EU VOU MANDAR CHAMAR MEU POVO!
(REPEAT)

EU VOU MANDAR CHAMAR MEU POVO,
LÁ NAS SETE ENCRUZILHADAS,
EU VOU MANDAR CHAMAR MEU POVO,
SEM EXÚ NÃO SE FAZ NADA!
(REPEAT)

VOU ABRIR MINHA ARUANDA
- I'M GOING TO ARUANDA -

T- *VOU ABRIR MINHA ARUANDA!...*
VOU ABRIR MEU JUREMÁ!...
(REPEAT)

R - *COM A LICENÇA DE MAMÃE OXUM,*
E NOSSO PAI OXALÁ.
(REPEAT)

T - *SANTO ANTÔNIO É OURO FINO,*
ARREIA A BANDEIRA E VAMOS TRABALHAR!
(REPEAT)

CHAMADA GERAL DE TODAS AS BANDAS
- GENERAL CALL OF ALL 'BANDS' -

STO ANTÔNIO PEQUENINO

SANTO ANTÔNIO PEQUENINO,
AMANSADOR DE BURRO BRABO,
QUEM MEXER COM STO ANTÔNIO,
TA MEXENDO COM O DIABO.
RODEIA, RODEIA, RODEIA,
MEU SANTO ANTÔNIO RODEIA.
(REPEAT)
POMBA GIRA RAINHA,
GIRA A NOITE, GIRA O DIA,
NO EMBALO DESSA GIRA,
GIRA O EXÚ VENTANIA.
RODEIA, RODEIA, ...
MARIA MULAMBO,
NO MEIO DA ENCRUZILHADA,
CONVIDOU JOÃO CAVEIRA,
DANDO UMA GARGALHADA.
RODEIA, RODEIA,...
TIRIRI MATOU UM GALO,
E CORTOU EM PEDACINHO,
CONVIDOU MARIA PADILHA,
PARA NÃO COMER SOZINHO.
RODEIA, RODEIA,...
ME CONVIDARAM,

PRA PULAR AMARELINHA,
SE EU PERDER VOCÊ ME GANHA,
SE EU GANHAR VOCÊ É MINHA.
RODEIA, RODEIA,...
SANTO ANTÔNIO PEQUENINO
SANTO ANTÔNIO PEQUENINO,
AMANSADOR DE BURRO BRAVO,
AMANSAI MEUS INIMIGOS,
COM SETENTA MIL DIABOS.
RODEIA, RODEIA, RODEIA,
MEU SANTO ANTÔNIO, RODEIA.
(REPEAT)

AUÊ MEU SANTO ANTÔNIO,
OI SEGURA ESSE TOCO DA MEIA-NOITE.
AUÊ MEU SANTO ANTÔNIO,
OI SEGURA ESSE TOCO DA MEIA-NOITE

THE CALL

SENHORES MESTRES DO MUNDO,
E DESTE MUNDO TAMBÉM.
(REPEAT)
VAMOS CHAMAR A ENCRUZILHADA,
O CEMITÉRIO E A FIGUEIRA TAMBÉM.
(REPEAT)
LÁ NA PORTEIRA
EU DEIXEI UM SENTINELA.
(REPEAT)
EU DEIXEI EXÚ ..... (name)
TOMANDO CONTA DA CANCELA.
(REPEAT)

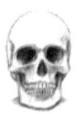

JÁ DEU A MEIA-NOITE, MEUS IRMÃOS,
DOZE HORAS JÁ BATEU.
(REPEAT)
LEVANTA QUEM ESTÁ SENTADO,
MEUS IRMÃOS,
PARA SALVAR OS PONTOS SEUS.
(REPEAT)

OGUM, EXÚ PEDE LICENÇA,
PARA SEU POVO CHEGAR.
(REPEAT)

E SARAVÁ SEU MARABÔ (OU OUTRO),
QUE VEM TRAZENDO FORÇA,
PARA ESTE GONGÁ.
(REPEAT)

PORTÃO DO CEMITÉRIO
- THE CEMENTERY GATE -

PORTÃO DE FERRO,
CADEADO DE MADEIRA.
(REPEAT)

É O PORTÃO DO CEMITÉRIO,
AONDE MORA EXU CAVEIRA.
(REPEAT)

POVO DO MAR
- ALL THE SPIRITS OF THE OCEAN -

PESCADOR!...
PESCADOR!...
CUIDADO!...
CUIDADO COM AS ONDAS DO MAR.
HOJE É DIA DE LUA NOVA,
DIA DO POVO DO MAR...

ARERÊ, VEM CHEGANDO ERERÊ,
VEM CHEGANDO ARERÊ,
VEM CHEGANDO ERERÊ,
VEM CHEGANDO ARERÊ,
VEM CHEGANDO ERERÊ,
VEM CHEGANDO ARERÊ,
VEM CHEGANDO ERERÊ,
VEM CHEGANDO A....
(REPEAT)

SE FEZ PRECE A MÃE SEREIA,
DANDALUNDA VAI TE AJUDAR,
PESCADOR DE LUA NOVA,
CUIDADO, OLHA O POVO DO MAR...

ARERÊ, VEM CHEGANDO ERERÊ,
VEM CHEGANDO ARERÊ,
VEM CHEGANDO ERERÊ,

VEM CHEGANDO ARERÊ,
VEM CHEGANDO ERERÊ,
VEM CHEGANDO ARERÊ,
VEM CHEGANDO ERERÊ,
VEM CHEGANDO A....

PESCADOR FAZ OFERENDAS,
MAMÃE CINDA VEM BUSCAR,
E NA PRAIA ELA CHEGA,
TRAZ PRESENTES DE IEMANJÁ...

ARERÊ, VEM CHEGANDO ERERÊ,
VEM CHEGANDO ARERÊ,
VEM CHEGANDO ERERÊ,
VEM CHEGANDO ARERÊ,
VEM CHEGANDO ERERÊ,
VEM CHEGANDO ARERÊ,
VEM CHEGANDO ERERÊ,
VEM CHEGANDO A....

ALUBANDÊ POVO DA RUA!
ALUBANDÁ, ALUBANDÊ...
ALUBANDÊ POVO DA RUA!
A DEMANDA É FEIA,
MAS DÁ P'RA VENCER.

ALUBANDÊ, SEU OMULÚ,
EXÚ REI, DESTRANCA RUA,
SETE ENCRUZA, EXÚ VELUDO,
SE É DEMANDA NOSSA,
É LUTA TUA.
ALUBANDÊ, MARIA PADILHA,
A ENCRUZA E A KALUNGA É TUA,
MARIA MOLAMBO, MARIA QUITÉRIA,
SE É DEMANDA NOSSA,
É LUTA TUA.
ALUBANDÊ, SETE CAVEIRAS,
SETE ENCRUZILHADAS, TRANCA RUA,
SETE DAS ALMAS, SETE CAPAS,
SE É DEMANDA NOSSA,
É LUTA TUA.
ALUBANDÊ, SEU EXÚ REI,
GIRA MUNDO, BARÁ DA RUA,
TIRIRI, EXÚ DO LODO,
SE É DEMANDA NOSSA,
É LUTA TUA.

LINHA DO ORIENTE
- THE SPIRITS OF THE EAST -

ORIENTE É...
O LUGAR DA PAZ,
O LUGAR DA VIDA,
O LUGAR DO AMOR!...
(REPEAT)

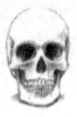

EU SOU EXÚ, SEU VENTANIA,
NA LINHA DO ORIENTE.
(REPEAT)

ORIENTE É...

LINHA DAS ALMAS
- THE KINGDOM OF SOULS -

QUEM TRABALHA COM AS ALMAS,
TRABALHA DEVAGARINHO...
(REPEAT)

É DEVAGAR, É DEVAGARINHO,
QUEM TRABALHA COM AS ALMAS,
NÃO SE PERDE NO CAMINHO.
(REPEAT)

EU CHAMO AS ALMAS,
E AS ALMAS VEM,
AS ALMAS ME AJUDAM,
AS ALMAS FAZEM O BEM.
(REPEAT)

POVO DO CEMITÉRIO
- ALL THE SPIRITS OF THE CEMETERY -

CEMITÉRIO É PRAÇA LINDA,
NINGUÉM QUEIRA PASSEAR.
(REPEAT)

CATACUMBA É CASA BRANCA,
É CASA DE EXÚ MORAR.
(REPEAT)

GREETING THE SPIRITS

EXÚ TAMBÉM TEM SUA LEI,
EXÚ NA TERRA, EXÚ É REI.
(REPEAT)

LÁ NA BEIRA DO CAMINHO,
ESTE GONGÁ TEM SEGURANÇA.
(REPEAT)

NA PORTEIRA TEM VIGIA,
A MEIA-NOITE O GALO CANTA.
(REPEAT)

SARAVADO!

EXÚ PISA NO CARAMURU,
EXÚ PISA NO CARAMURU.
EXÚ NÃO BAMBEIA, AH! RÁ!
EXÚ NÃO BAMBEIA, AH! RÁ!
EXÚ NÃO BAMBEIA, AH! RÁ!
EXÚ NÃO BAMBEIA, AH! RÁ!

SARAVÁ, CAMBONE, IÊ,
SARAVÁ, CAMBONE, IÁ.
SARAVÁ , CAMBONE, NA ENCRUZA,
SARAVÁ, CAMBONE, IÊ.

EXÚ GANHOU UMA GARRAFA DE MARAFO,
E LEVOU NA CAPELA PRÁ BENZER.
SACRISTÃO LHE RESPONDEU:
NA BATINA DO PADRE TEM DENDÊ, TEM DENDÊ,
NA BATINA DO PADRE,
TEM DENDÊ, TEM DENDÊ,
NA BATINA DO PADRE, TEM DENDÊ.

Ó BOA NOITE
- OH GOOD NIGHT -

Ó BOA NOITE, PRA QUEM VEM DE LONGE,
Ó BOA NOITE, PRA QUEM VEM CHEGANDO,
Ó BOA NOITE PRA MOÇA BONITA,
É PRA ELA QUE ESTOU CANTANDO!
(REPEAT)

LEVO SETE ROSAS VERMELHAS,
LÁ NA ENCRUZILHADA,
É LÁ QUE A MOÇA BONITA,
DÁ A SUA RISADA.
(REPEAT)

CONFIRMATION

EXÚ QUANDO ELE É BATIZADO,
ELE CHEGA EM QUALQUER LUGAR.
(REPEAT)

QUANDO CHEGA
CUMPRIMENTA A BANDA,
E GIRA DENTRO DO GONGÁ. EXÚ.

DEMAND

EXÚ PISA NO TOCO, PISA NO GALHO,
O GALHO BALANÇA, E EXÚ NÃO CAI, Ô GANGA.
Ê, Ê, EXÚ PISA NO TOCO DE UM GALHO SÓ.
(REPEAT)

TO AFFIRM THE MANIFESTATION

DEU MEIA-NOITE O GALO CANTA,
ESTA PORTEIRA TEM VIGIA.
(REPEAT)

ESTE GONGÁ TEM SEGURANÇA,
NA FÉ DE OXALÁ E DE IEMANJÁ.
(REPEAT)

MAS JÁ ERA MEIA-NOITE,
QUANDO O MALVADO CHEGOU.
(REPEAT)

COM A CASACA DE FERRO,
DIZENDO QUE ERA DOUTOR.
(REPEAT)

MAS ELE É EXÚ,
DIZENDO QUE ERA DOUTOR.
(REPEAT)

CAMBONE SEGURA A CURIMBA,
QUE ESTÁ CHEGANDO A HORA.
CAMBONE SEGURA A CURIMBA,
É EXÚ QUEM MANDA AGORA.

ABERTURA DOS TRABALHOS
- LET THE WORK BEGIN -

EU ABRO A MINHA ENGIRA,
COM ZÂMBI E COM XANGÔ!
(REPEAT)
SARAVÁ SEU ALAFIM!
SARAVÁ SEU AGODÔ!
(REPEAT)
EXÚ, TAMBÉM TEM A SUA LEI,
EXÚ É MENSAGEIRO DE OXALÁ,
SALVE ORDENANÇA DE OGUM,
E SALVE A BANDA,
VEM NO TERREIRO
DE QUIMBANDA TRABALHAR..
(REPEAT)
MAS ELE É,
CAPITÃO DA ENCRUZILHADA,
ELE É,
MAS ELE É,
ORDENANÇA DE OGUM,
SUA COROA QUEM LHE
DEU FOI OXALÁ,
SUA DIVISA QUEM LHE
DEU FOI OMULÚ,
MAS ELE É...

SALVE O CRUZEIRO,
SALVE O SOL E SALVE A LUA,
SARAVÁ POVO DA RUA,
E A COROA DE OXALÁ.

SALVE O CRUZEIRO,
SALVE O SOL E SALVE A LUA,
O SEU SETE E TRANCA-RUAS,
E A SEGURANÇA DESSE ENDÁ.
SALVE O CRUZEIRO,
SALVE O SOL E SALVE A LUA,
MARIA PADILHA, RAINHA DA RUA,
COM POMBA GIRA VAI BAIXAR.

SALVE O CRUZEIRO,
SALVE A LOMBA, SALVE A RUA,
MARABÔ, DESTRANCA-RUAS,
E A PORTEIRA DESSE ENDÁ.

SERÁ MACUMBA

EU VI A LUA,
CLAREANDO A RUA, AO LUAR,
LEVAVA UMA GARRAFA DE MARAFO,
PRO SENHOR BARÁ, TOMAR,
PASSOU UM HOMEM,
OLHOU E VIU,
TIROU O CHAPÉU,
E ME CUMPRIMENTOU,

SERÁ MACUMBA, MACUMBÁ,
OU SERÁ MANDINGA DE AMOR
(REPEAT)

SERÁ MACUMBA, MACUMBÁ,
OU SERÁ MANDINGA DE AMOR.
(REPEAT)

SERÁ MACUMBA, MACUMBÁ,
OU SERÁ MANDINGA DE AMOR,
(REPEAT)

SERÁ MACUMBA. MACUMBÁ,
OU SERÁ MANDINGA DE AMOR,
OI MANDINGA DE AMOR.
(REPEAT)

PONTO FOR THE LINES OF CATIMBÓ TO BREAK A SPELL

MEU GALO PRETO
DO PÉ AMARELO,
CANTA MEU GALO
SÓ FAZ O QUE EU QUERO...
(REPEAT)

NA DIREITA TENHO DEUS,
PORQUE NELE TENHO FÉ,
NA ESQUERDA TENHO MEU GALO,
QUE DESMANCHA TUDO COM O PÉ.

MEU GALO PRETO
DO PÉ AMARELO,
CANTA MEU GALO
SÓ FAZ O QUE EU QUERO...
(REPEAT)

NO PINO DA MEIA-NOITE,
UM GALO PRETO CANTOU,
ELE VEIO TIRAR DESPACHO,
QUE VOCÊ PRA MIM BOTOU.

TO MAKE EBÓ FOR EXÚ

OLHA O EBÓ DE EXÚ
QUEM QUER, QUEM QUER,
QUEM VAI QUERER!...
VOCÊ PODE COMER,
VOCÊ PODE BEBER!...
(REPEAT)

PRAYERS TO BARÁ

YUAMACHÉRI ONYBARÁ,
EXU ABANADÁ.
YUAMACHÉRI ONYBARÁ,
EXU ABANADÁ.
YUA DEMY CHÉ-CHÉ MIRÊ,
YUA DEMY CHÉ-CHÉ MIRÊ,
YUA DEMY CHÉ-CHÉ MIWÁRA,
YUA DEMY CHÉ-CHÉ MIWÁRA.

EXU TALANA FUMIÔ,
EXU TALANA FUMALÉW.
(REPEAT)

BARÁ ABAYSSOW

BARÁ E QUE BARÁ,
BARÁ E QUE BARÁ ABAYSSOW.
BARÁ E QUE BARÁ ABAYSSOW.

BARÁ GAROW

OH! BARÁ, BARÁ E QUE BARÁ,
E QUE BARÁ GAROW.
BARÁ QUE BARÁ,
QUE BARÁ BAROW.
(REPEAT)

BARÁ OTYN

BARÁ OTYN,
OTYN, OTYN, OTYN BARÁ,
BARÁ OTYN.
(REPEAT)

BARÁ WODUN AZA

YÊLE BARÁ WODUN AZA,
PAQUERE KERÊ.
YÊLE BARÁ WODUN AZA,
PAQUERE KERÊ.

OMOLÚ/XAPANÃ

MEU PAI OXALÁ, É O REI,
VENHA ME VALER...
(REPEAT)
E O VELHO OMULÚ,
ATOTÔ OBALUAÊ.
(REPEAT)

ATOTÔ OBALUAÊ,
ATOTÔ BABÁ,
ATOTÔ OBALUAÊ,
ATOTÔ É ORIXÁ.

SEU OMULÚ A Ê,
SEU OMULÚ A Á,
ATOTÔ DAS ALMAS,
SEU OMULÚ A Ê,
(REPEAT)
OI SALVE, SALVE,
SALVE A KALUNGA,
SALVE, SALVE,
SALVE A KALUNGA,
(REPEAT)

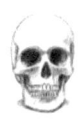

EU VINHA CAMINHANDO,
EU LHE PEDI BENÇÃO,
ERA O VELHO OMULÚ,
ATOTÔ OBALUAÊ,
MAS EU VINHA CAMINHANDO,
EU LHE PEDI BENÇÃO,
ERA O VELHO OMULÚ,
ATOTÔ OBALUAÊ.

ATOTÔ OBALUAÊ, ATOTÔ BABÁ...
ATOTÔ OBALUAÊ, ATOTÔ É ORIXÁ.
(REPEAT)

PONTOS AND PRAYERS FOR XAPANÃ

XAPANÃ PÔPO DIMONAY

ZAMBO ERERÊ,
ZAMBO É PÔPO DIMONAY,
ZAMBO ERERÊ,
ZAMBO É PÔPO DIMONAY.
ZAMBO É XAPANÃ,
ZAMBO É VELHO OMULÚ,
ZAMBO É XAPANÃ,
ZAMBO É PÔPO DIMONAY,
ZAMBO É VELHO OMULÚ,
ZAMBO É PÔPO DIMONAY.

CALLING XAPANÃ

XAPANÃ MANDÔ QUERÊ,
XAPANÃ MANDÔ QUERÊ.
YW QUERÊ, MANDÔ AWÊ,
AWÊ, AWÊ!
(REPEAT)

PONTOS DE SUBIDA
- ASKING THE SPIRITS TO LEAVE -

BATE MEUS TAMBORES,
QUE EU JÁ VOU EMBORA!...
BATE MEUS TAMBORES,
QUE EU JÁ VOU EMBORA!...
O MEIO DO CRUZEIRO É MEU!...
O MEIO DO CRUZEIRO É MEU!...
É LÁ MINHA MORADA!...
É LÁ MINHA MORADA!...
OI BATE MEU TAMBORES...

É HORA, É HORA,
É HORA NO CALENDÁ É HORA,
É HORA É HORA... É HORA, É HORA,
É HORA MEU BOM EXÚ JÁ VAI EMBORA.
(REPEAT)

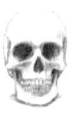

E EXÚ VAI PELO PÉ, PELO PÉ,...
E ELE VAI PELA MÃO, PELA MÃO...

EXÚ JÁ VAI EMBORA,
GANGA COM GANGA,
É NO GONGÁ.
(REPEAT)

OLHA EXÚ COMO CAMINHA,
ELE VAI CAMINHAR.
CAMINHAR PRA SUA BANDA,
EXÚ VAI CAMINHAR.

- BEFORE THE SPIRITS GO -

EXU BEBEU,
EXU CURIOU,
EXU VAI EMBORA,
QUE A HORA CHEGOU.
(REPEAT)

- AFTER THEY HAVE GONE -

EXU BEBEU,
EXU CURIOU,
EXU FOI EMBORA,
QUE A HORA CHEGOU.
(REPEAT)

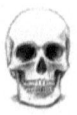

ADEUS, JÁ É HORA GRANDE,
ADEUS!...
ADEUS QUE EU JÁ VOU EMBORA...
(REPEAT)

SIGO O MEU CAMINHO,
GIRANDO NA LINHA DAS ALMAS,
UM ADEUS PARA QUEM FICA,
BOA-NOITE, EU JÁ VOU EMBORA...
(REPEAT)

PONTOS RISCADOS

Th following drawn invocations of the Exus and Pomba Giras are used to invoke the power of the particular entitiy with which they are associated – much like keys who are used to open doors.

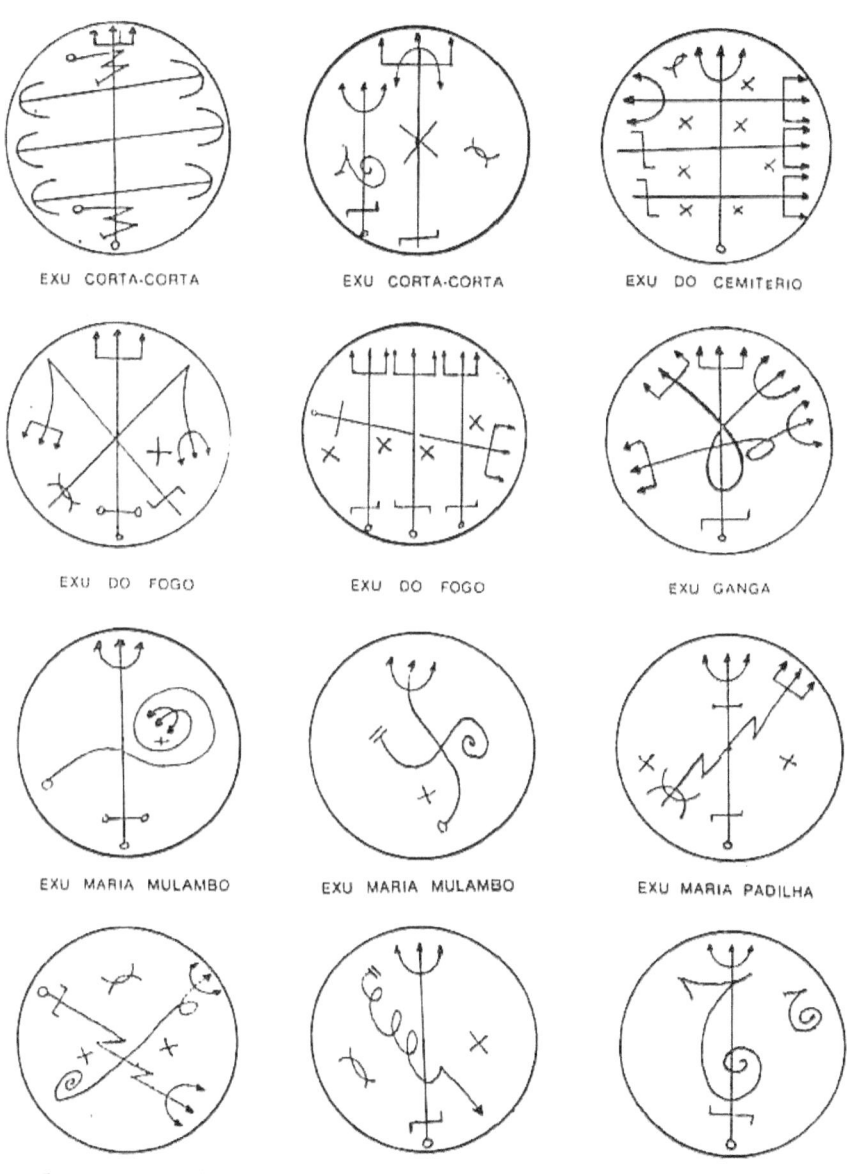

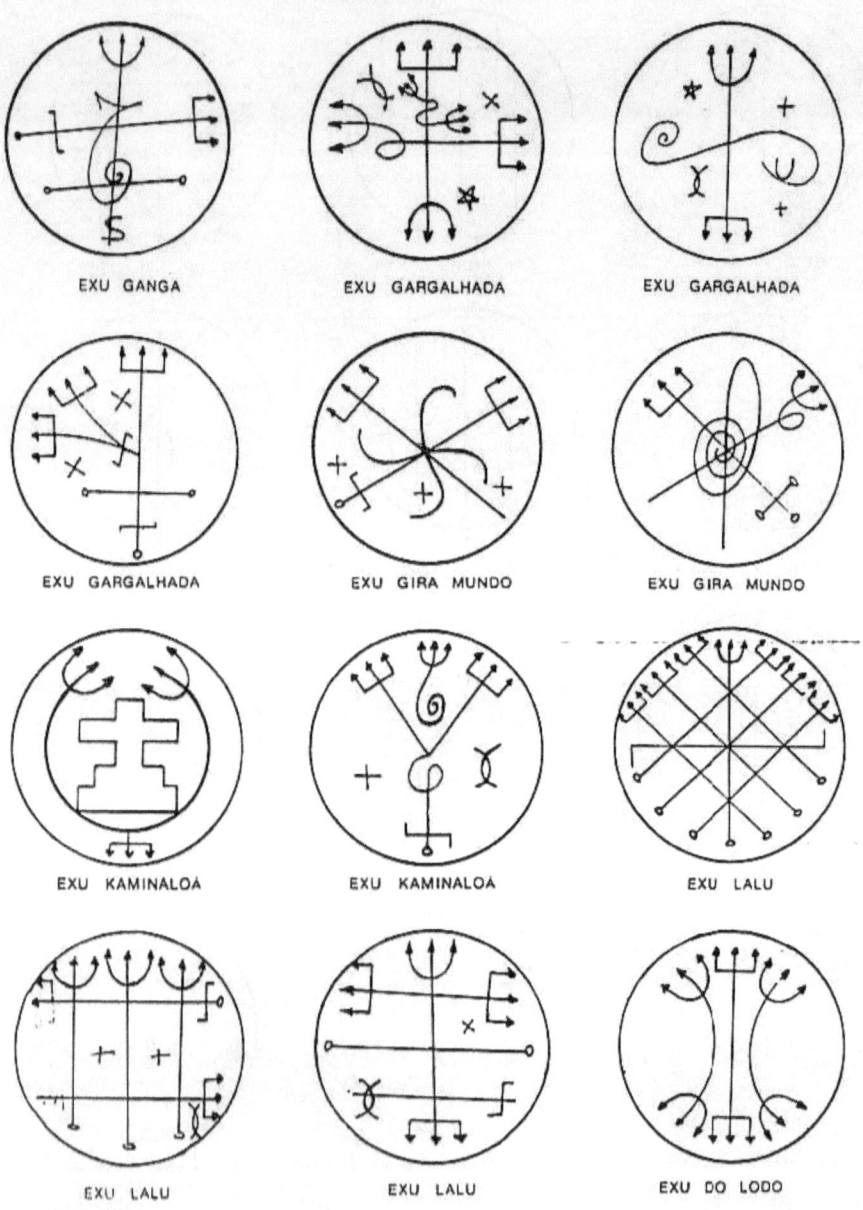

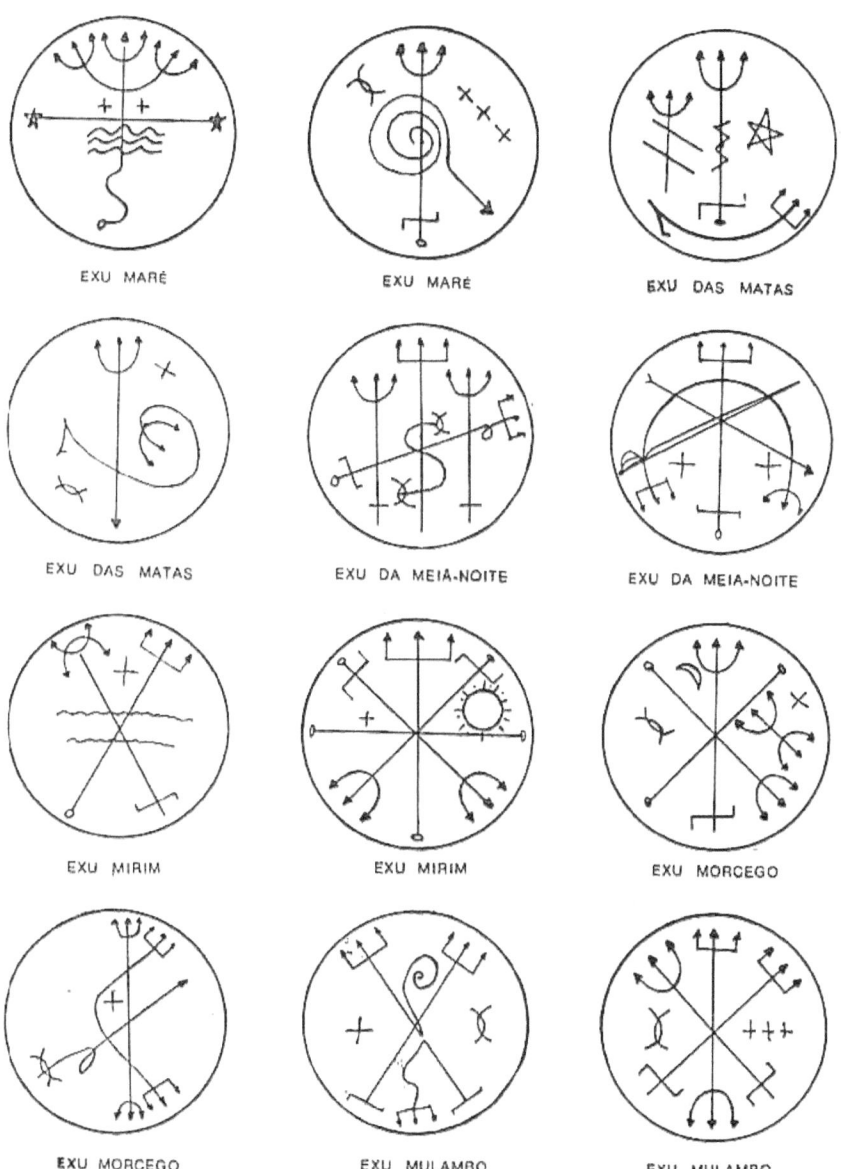

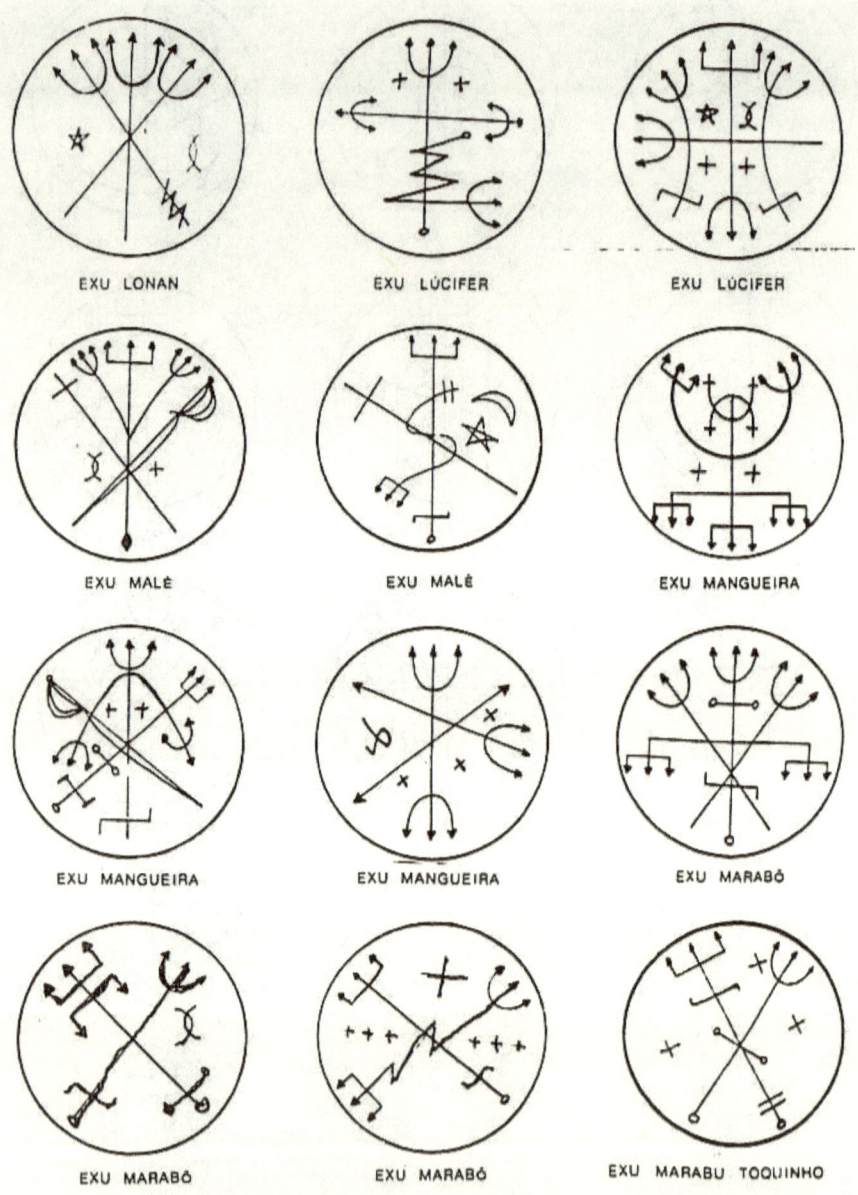

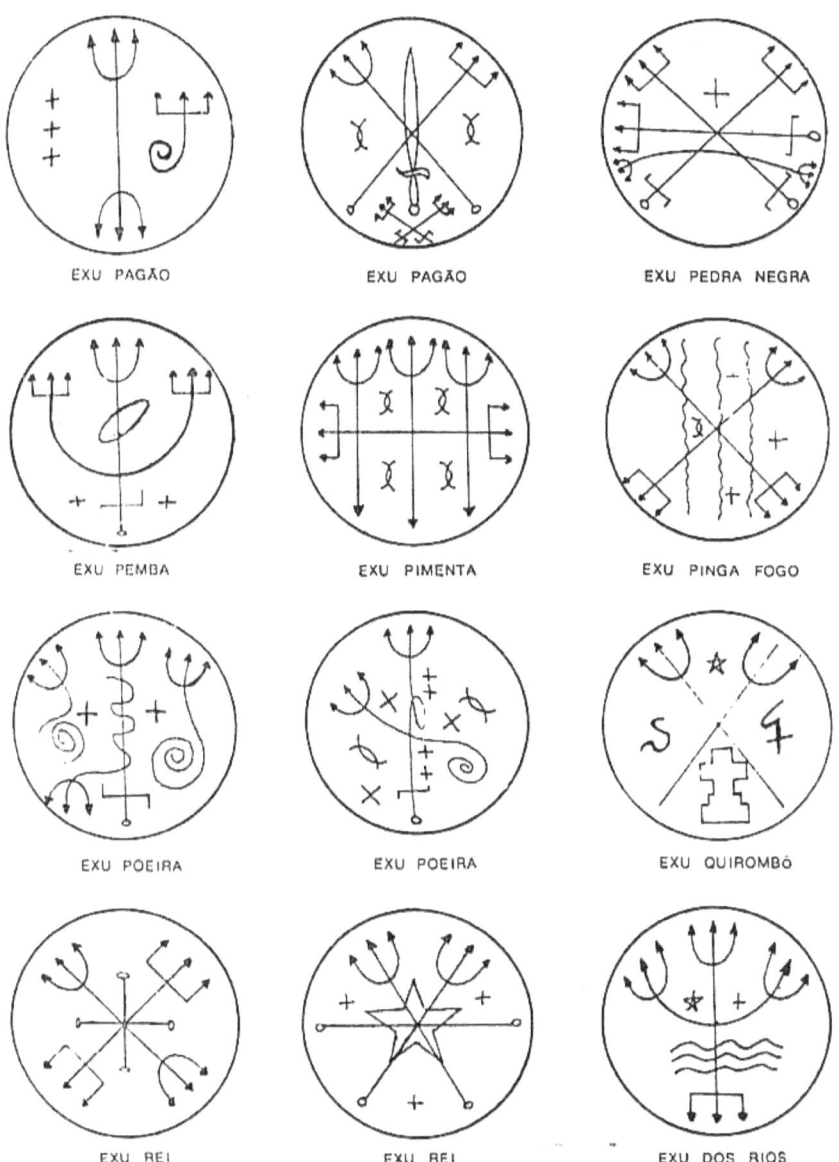

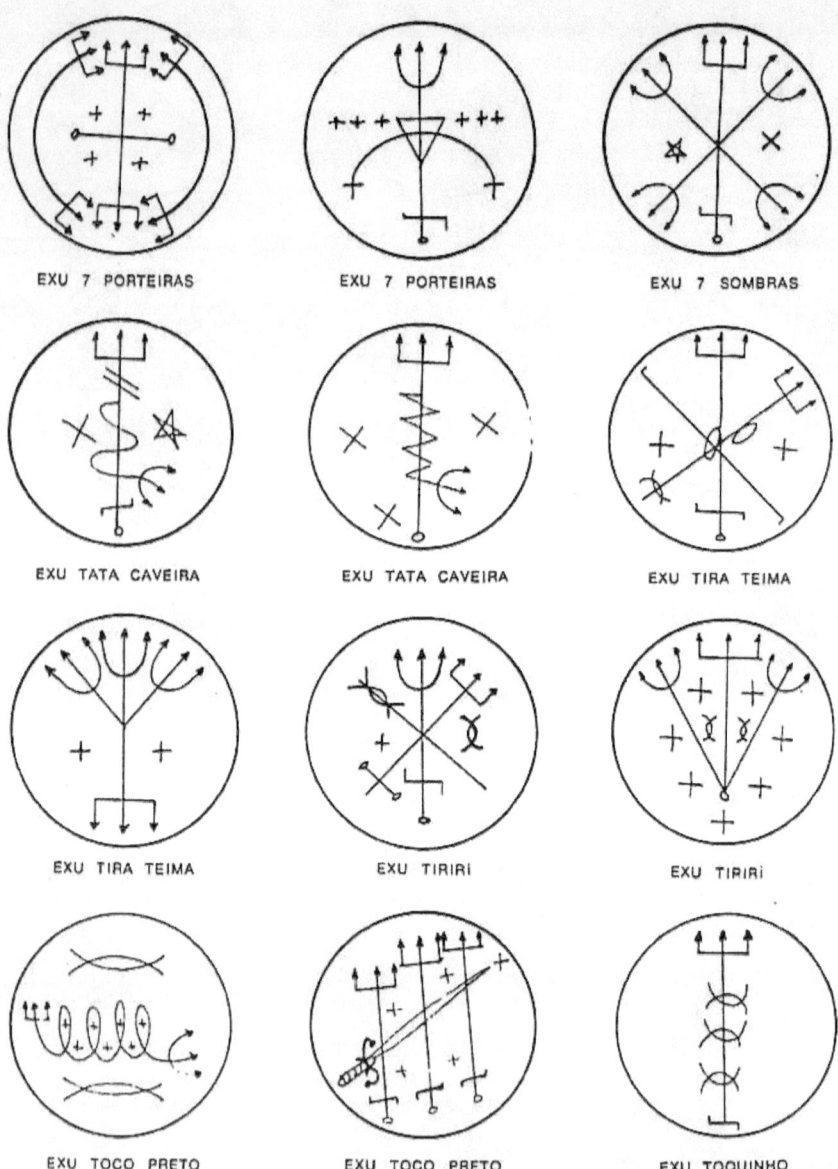

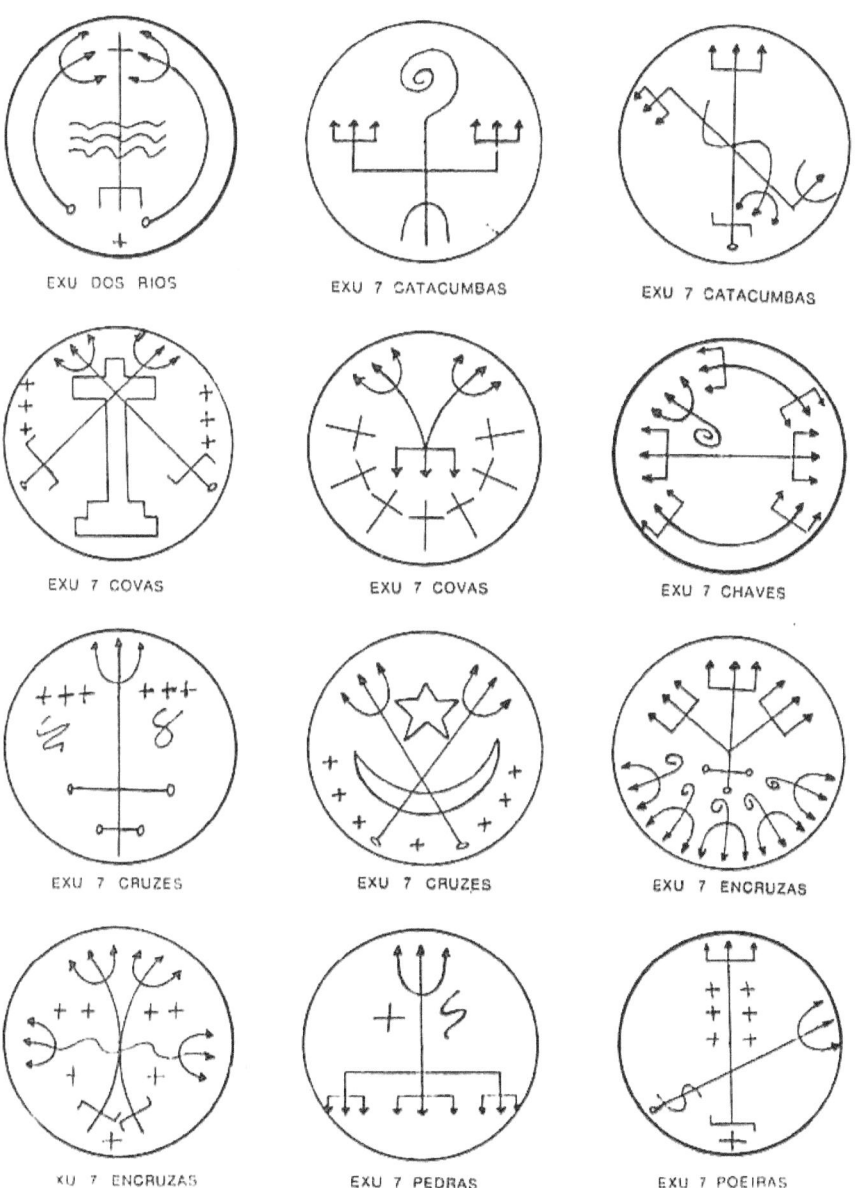

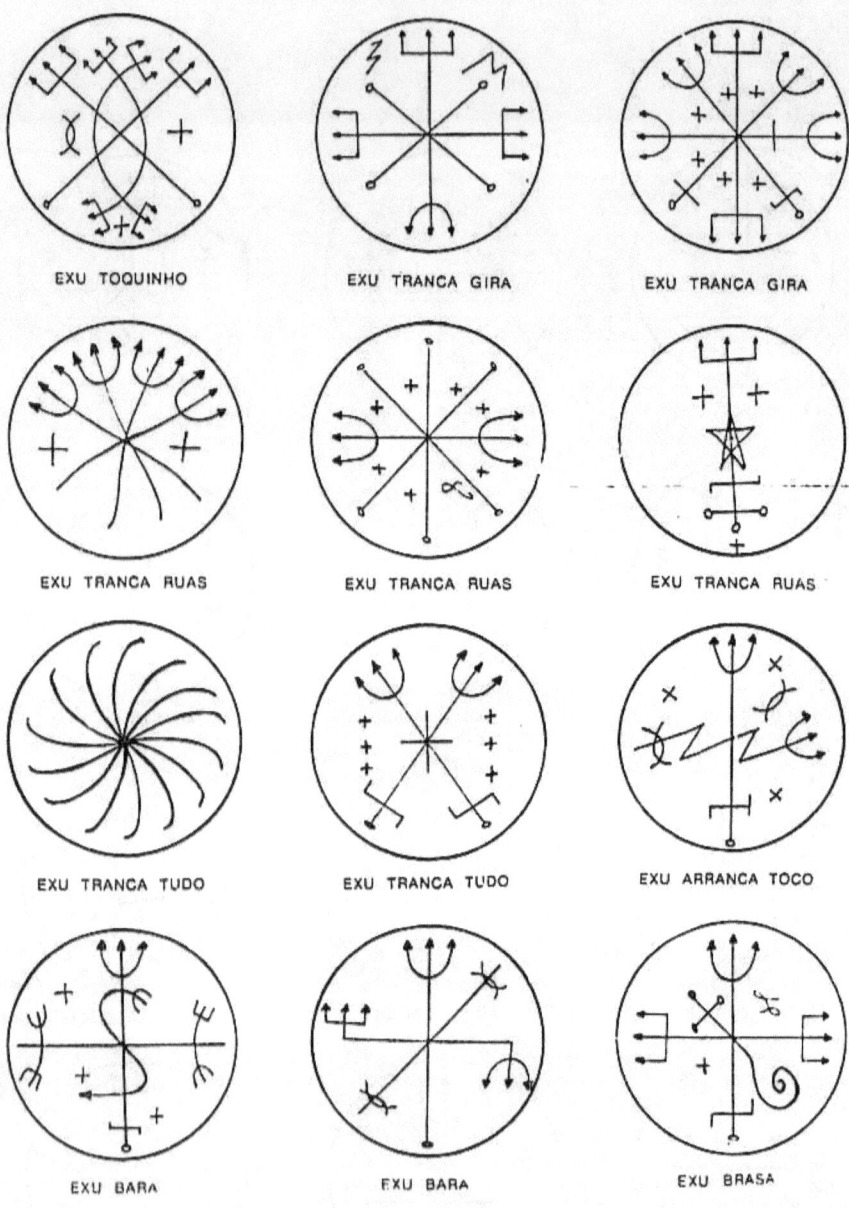

QUIMBANDA VOCABULARY

The primary language of Quimbanda is Portuguese, but additional words and phrases of different origins are also employed. This again reflects the fusion of different races and cults in Brazil. Some of the most common words used originate from the African Kimbundu and Kikongo dialects as well as from Romaní and the Brazilian Aboriginal Languages of the Guarani and Tupi Indians. It is also not uncommon to encounter spirits who will - in possession - communicate with a mix of Portuguese and Arabian, Japanese, English, French or even German. However, the greatest and most obvious language influence comes from Angola, mainly from the Mbundu and Mbangala people.

ALUÁ	Drink made of maize, rice and sugar.
ALUVAIÁ	Nkisi, messenger spirit, associated with the street
ARUANDA	The mythical of origin of Quimbanda. Also synonymous for Paradise among the Bantus in Brazil
ARUÉ/ARUEIRA	Tree native to Brazil. The owner of this tree in Quimbanda is Exu Arue.
ATABAQUE	Ritual Drum
BANSA	Bantu term meaning Fire
BANSO	Bantu term meaning Hot

BIKANDA	Bantu term meaning Herbs
BILONGO	Bantu term meaning Medicine
BURACO	Bantu term meaning Hovel, poor house
COMPADRE	Quimbanda term for Spirits Guides
CONGÁ/CONGAL	Bantu term meaning Altar in Bantu influenced Cults in Brazil such as Umbanmda. It makes reference to 'Congada', meaning 'a place where the Congo people meet'
DICKERING	meaning good luck, palm reading or general fortune telling. This is a word used by Gypsy spirits
DIKLO	A Handkerchief which Gypsy Spirits use to cover their head with
DIMBO	Bantu term meaning Sweet
DINGANSUÁ	Bantu term meaning To Bless
DISANGA	Bantu term meaning Jar
DIZUNDU	Bantu term meaning Frog/Toad

EBÓ	Yoruba term meaning Offering or Sacrifice
FENDINDÉ	Bantu term meaning Arrow
FUNDANGA	Bantu term meaning Powder
FUNJI	A dish of Bantu origin, similar to Polenta. In Quimbanda two types of funji are known, one for the ancestors and another one for the Exus
FUKAMA	Bantu term meaning To Kneel
GANA/DANA	Gypsy Goddess of the Moon
GIRA	Term used for Quimbanda gatherings or parties that involve singing and dancing
ITAMBI	Bantu term meaning Ritual Undertaker
KALUMBA	Synonymous of Kalunga
KALUNGA	powerful Nkisi/spirit who brings plagues, lives in the sea and the cemeteries (or grove, which is where the Bantus bury their dead). He is seen as 'King of the Dead' - his name translates to 'Death of the cattle'. His messenger in Quimbanda is Exu Rei

	da Kalunga (Exu King of the Cemetery)
KAMBONO	Bantu term meaning Initiate, steward or usher at religious ceremonies
KANGULA	Bantu term meaning Scissors
KARUNGA	Also Karunga Njambi. Nkisi/spirit who lives in depth of the sea. He is considered to be very powerful and has the form of a great marine serpent. His messenger in Quimbanda is Exu Rei da Praia (Exu King of the Beach)
KAWUANDI	Bantu term meaning Basket
KI	Bantu term meaning Language, dialect
KIAMBOTE	Bantu greeting
KIBANGO	Bantu term meaning Wizard, Folk healer, Priest or Shaman. Short for 'Quimbanda'
KIBINDA	Bantu term meaning Hunter, solder
KIJILA/KIZILIA	Bantu term describing taboos and prohibitions which have been given to the initiates

KIKONGO	the language of the Kongo tribes
KILUMBA	Bantu term meaning Young, girl, Young woman
KIMBUNDU	The language of the Mbundu tribe
KIUMBA	Bantu term meaning Darkness, The Dark. Also used to troublesome spirit entities.
KIZOMBA	a drumming ceremony of Quimbanda
KUALONO	Bantu term To Harm
KUFUNDA	Bantu term meaning To Bury
KUNDIA	Bantu term meaning Coffee
KURIAR	Bantu term meaning To Eat and To Drink
KURIMBA	Bantu term meaning To Sing and To Dance. Same as PONTO CANTADO
LANGO	Bantu term meaning Rain
LEMBA	Bantu term meaning Gentleman, Master. Also one of the major Nkisi of the Bantu

LIBANGO	Bantu term meaning Iron Chain
LILENSO	Bantu term meaning Handkerchief
LOMBA	Bantu term meaning Elevated Place, Mountain, Hill
MAIONGA	see MASI NSABA
MANDANKU	Bantu term meaning Spider
MANSA	Bantu term meaning Water
MARIA	name which is applied to a multitude of feminine spirits
MASI NSABA	Bantu term meaning Ritual Bath made from herbs and plants
MASOSÍ	Bantu term meaning Tears
MASU	Bantu term meaning Spider
MBELE	Bantu term meaning Knife or Blade
MBISI	Bantu term meaning Meat
MBONDO	Baobad, African tree

MENGA	Bantu term meaning Blood
MIFUITA	Bantu term meaning Black
MIRIM/MERIN	Meaning Small, Dwarf, Young Boy. Also the name of a certain Exu who appears in the form of an adolescent boy: Exu Mirim
MIRONGA	Bantu term meaning Mystery, Secret. Mironga can also describe the secret materials/ medicines one receives upon initiation
MISEKE	Bantu term meaning Sand
MOAMBA	Bantu term meaning Yellow
MOLALO	Bantu term meaning Onion
MORINGA	Bantu term meaning Clay Jug
MPOLO BANSO	Bantu term meaning Ashes
MUJINDA	Bantu term meaning Storm
MUKASO	Bantu term referring to marks done on the body with a special powder to protection from evil

MUKULU	Bantu term meaning Elevated Spiritual Guides or Teachers
MULAMBA	Bantu term meaning Cook
MULEMBA	African Fig tree
MUNDELE	Bantu term meaning White
MUNGUA	Bantu term meaning Salt
MU SIGATANA	Descendant of the town of Sigatana (near Aluvaia). Associated with Exu Veludo
NDIÁ	Bantu term meaning Food
NDIÓNSILA	Bantu term meaning Toad
NDUNGU	Bantu term meaning Pepper
NFUMBE	Bantu term meaning The Spirits of the Dead
NGANGA	Head or priest of the Bantu cult. This term is also used to describe the secret which is places inside a cauldron or container and acts as a focal point for interaction with the spirit world

NGONGO	Bantu term meaning Knot or To Tie
NGUALA	Bantu team meaning White Rum
NGUNDA	Bantu term meaning Crescent (Moon)
NKANDA	Bantu term meaning Leaf
NKOBO	Bantu term meaning Shell
NKUTU DILANGA	Bantu term referring to beaded necklaces that contain magical powers
NSIMA	Bantu term meaning Snake
NTANGU	Bantu term meaning Sun
NTOTO	Bantu term meaning Earth. The Bantus greet the ancestors by touching the ground and saying: 'Ah ntoto'
NTUNDE	Bantu term meaning Palm Oil
NZO	organization of Quimbanda, a religious family (lit. meaning 'house')
NZAMBI MPUNGU	All-powerful God; the supreme deity for the Bantus

NZIMBU	Bantu term meaning Cowry Shells who were used as currency for trade with India and China
PAJÉ	Indigenous Brazilian Priest-shaman
PAMBUANJILA	also PAMBUNGERA/ BOMBOMJIRA / POMBOGIRA/ POMBAGIRA – From Aluvaiá or Pambuangila (Bantú Nkisi of the Roads and Pathways). In Quimbanda this name is sometimes used to make reference to female spirits (Exuas/Pomba Giras). The term originates from a kimbundu reference of a spirit entity which works in the crossroads (not concerning gender). Pambu-Ngila is often translated as 'Crossroad'
PARNÉ	Term meaning Money in Gypsy language
PEMBA/MPEMBA	ritual chalk
PUERÉ	To move; To dance; To shake. Name that is sometimes used by a Gypsy Spirit whose virtue is to stand out in the dance: Cigana Pueré (Gypsy dancer)
PONTO CANTADO	Ritual song, lit. 'Sung Point'

PONTO RISCADO	Ritual drawing, personal signature of each spirit. lit. 'Drawn Point'
QUIMBANDA	1. Bantu term meaning a Priest among the Mbundu and Mbangala tribes, pertaining to the Bantu group in Angola. This can be translates as 'the one who communicates with spirits' or 'one who knows the medicines to cure'. 2. A Bantu/Congo dreifed Shamanic Witchcraft Tradition practiced in Brazil
RISHI	Bantu term meaning Smoke
RUFU	Bantu term for Powder
SÁNGULA	Bantu term meaning To Lift
SIKIRI MATO	Bantu term meaning To Hear
SUNGA	Bantu term meaning Cigar
SUNSUKETO	Bantu term meaning Hen
SUSUNWERE	Bantu term meaning Rooster
TATÁ	Bantu term meaning Father, superior. Also used as an honorary title for a male initiate of the Quimbanda Cult

TATÁ NFUMBE	Powerful Bantú entity, considered the father of the ancestors. In Cuba he is syncretic with Omolu/Obaluaiye. In Brazil he became and Exu of Quimbanda about whom is very little known and who is almost forgotten. He is also called Omolu in Quimbanda.
TATÁ NGANGA	Bantu term meaning Senior Priest
TATU	Bantu term meaning Four
TUTU	Dish made of farinha, porotos and bacon
UANGA/WANGA	Bantu term meaning Spell or Work of magic
UKUSU	Bantu term referring to Red Paint, which is used to attract the power of the spirits
WANKALA	Bantu term meaning Goose
WIRIKO	Bantu term meaning To Awaken
YAYALANGÁ NGUI	Bantu term meaning 'come forward'

BIBLIOGRAPHY & SUGGEST READING

- *'1500 Pontos Riscados na Umbanda' (vol. 2)*
Editora Ecu, Rio de Janeiro, year unknown
- *'3333 Pontos Cantados e Riscados' (vol. 1)*
Cultura Negra Rio de Janeiro, 2001
- *'3333 Pontos Cantados e Riscados' (vol. 2)*
Pallas, 2002

Alice Werner
'Myths and Legends of the Bantu'
Frank Cass, 1968 (first published in 1933)

David. St. Clair
'Drum and Candle'
Doubleday, 1971

Gilberto Freyre
'The Masters and the Slaves: A study in the development of Brazilian civilization'
Knopf, 1956 (first published in 1933)

Jim Wafer
'The Taste of Blood Spirit Possession in Brazilian Candomblé'
University of Philadelphia Press, 1991

José Ribeiro
'Eu, Maria Padilha'
Pallas, Rio de Janeiro 2002

Jose Henrique Motta de Oliveira
'Das Macumbas a Umbandas: a constucao de uma religiao brasileira'
Centro Universitario Moacyr Sreder Baston, Rio de Janeiro, 2003

Kimbwandende Kia Bunseki Fu-Kiau
> *'African Cosmology of the Bantu-Kongo'*
> Athelia Henrietta PR, 2001

Mario dos Ventos
> - *'Pontos Cantados de Umbanda - Songs for the Spirits '*
> Nzo Quimbanda Exu Ventania, 2006
> - *'Sarava Umbanda - The Inner Workings of Macumba'*
> Nzo Quimbanda Exu Ventania, 2008

Marvin Harris
> *'Our Kind: Who We Are, Where We Came From, Where We Are Going'*
> Harper Perennial, 1990

Pedro McGregor
> *'The Moon and two Mountains: The Myths, Ritual & Magic of Brazilian Spiritism'*
> Souvenir Press, 1966

Richard Edward Dennett
> - *'At the Back of the Black Man's Mind'*
> Frank Cass, 1968 (first published in 1906)

Simon Bockie
> *'Death and the Invisible Powers: The World of Kongo Belief'*
> Indiana University Press, 1993

Serge Bramly
> *'Macumba: The Teachings of Maria-Jose, Mother of the Gods'*
> City Lights Publishers, 1994

Wyatt MacCaffey
> *'Custom and Government in the Lower Congo'*
> University of California Press, 1970

Zaydab Alkimin
    'Zé Pelintra - Dono da Noite, Rei da Magia'
    Pallas, Rio de Janeiro 2005

Other resources:

'The Cauldron Brazil' - Brazilian Magazine on the Occult, published in Portuguese

The Dead Sea Scrolls:
    The Book of Giants
    The Book of Enoch
    The First Book of Adam & Eve
    The Second Book of Adam & Eve
    The Books of Ysrael
    The Book of Secrets

ABOUT THE AUTHOR

Mario dos Ventos
Macumbeiro/Espiritista

Afro-Brazilian & Afro-Caribbean
Shamanism, Healing & Witchcraft
Psychic Readings & Consultations

phone: +44 (0) 7804 444 794
email: Casa_dos_Ventos@hotmail.co.uk
web: www.exu.moonfruit.com

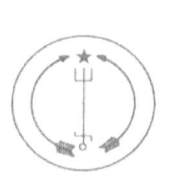

Mario dos Ventos lives in Surrey, United Kingdom. He is an internationally renowned Macumbeiro, trained Spirit Medium and Spiritual Worker. He has trained with practitioners and initiates of Brazilian Umbanda & Quimbanda, Southern Style Hoodoo & Rootwork as well as Puerto Rican and Caribbean Spiritism and Bujeria.

Mario has published articles for various spiritual periodicals and magazines, and has given talks on Afro-Brazilian Magic and Witchcraft at a number of conferences and gatherings. He teaches courses and workshops on Spiritual Development, Divination, Plant Lore, African-based Witchcraft and Magic, Brazilian Umbanda and The Magical Powers of the Saints.

He works as a freelance spiritual reader and advisor for *Erzulie's UK*, the European branch of New Orleans' finest botanica and is one of the columnists of *Mystic Pop Magazine*.

Mario is internationally available for Lenormand Card Readings and consultations with the Brazilian Nkobo Shell divination system (a variation of the Brazilian jogo de búzios), and provides are variety of spiritual services to clients all over Europe, North & South America and Asia.

His personal web page is **www.exu.moonfruit.com**

He can be contacted on: **casa_dos_ventos@hotmail.co.uk**

OTHER BOOKS BY THE SAME AUTHOR

SARAVA UMBANDA
The Inner Workings of Macumba

Drawing on the teachings and practices of different Umbanda Temples in Brazil, this landmark book, which contains 44 chapters, spread over more then 420 pages, explain the history, cosmology and theology of Umbanda, look at ceremonies, the organizational structure of individual centers and the pantheon of this religion.

This book also explains Umbanda Initiation, the 'necklaces of the worshipers', gives recipes for special workings for cleansings, prosperity, luck, love and happiness.

A special part of this book is also dedicated to the application of Umbanda outside of Brazil. What new challenges must be faced and how can we adapt without compromising the roots, values and believes of Umbanda?

440 pages, 8.50" x 11.00"

THE GAME OF DESTINY
Fortune Telling with Lenormand Cards

The most comprehensive book ever published on the Fortune Telling Cards of Mlle Lenormand, *The Game of Destiny* contains the meanings of all 36 cards, card combinations, special meanings and several different spreads of this unique divination system.

Known in Brazil as *O Baralho Cigano*, the Gypsy Deck, the cards that this book deals with have long been employed by many followers of Umbanda and Quimbanda/Macumba to read the future and gain insights into the workings of the spirit world.

An extra chapter on how to invoke the aid of the Gypsy Spirits in card divination and instructions and recipes to aid clients and readers alike make this book an exceptionally valuable guide for beginners and professional readers alike.

208 pages, 8.50" x 11.00"

SEA EL SANTISIMO
A Manual for Misa Espiritual & Mediumship Development

SEA EL SANTISIMO sets out to be an alternative, English language primer for the practice of Espiritismo and Mediumship Development. While there are many different types of spiritual religions in the modern world today, Espiritismo (Caribbean Spiritism) is a widely known spiritist practice of Caribbean cultures.

This manual provides detailed information based on the principals that an Espiritista would live by, a 'how to' guide on performing Misa Espiritual, information on setting up and work a 'boveda' and how to do novenas to the saints and spirits. Also included are the celebrations for the Day of the Dead, songs for Misa Espiritual and prayers for La Madama, El Congo and many Saints.

181 pages, 6" x 9

www.ingramcontent.com/pod-product-compliance
Lightning Source LLC
Chambersburg PA
CBHW020942230426
43666CB00005B/122